中國學術思想 研究輯刊

十四編

林 慶 彰 主編

第 12 冊

魏晉玄理與玄風研究（上）

江 建 俊 著

花木蘭文化出版社

國家圖書館出版品預行編目資料

魏晉玄理與玄風研究（上）／江建俊 著—初版—新北市：
花木蘭文化出版社，2012〔民 101〕
目 4+176 面；19×26 公分
（中國學術思想研究輯刊 十四編：第 12 冊）
ISBN：978-986-322-022-0（精裝）

1. 魏晉南北朝哲學　2. 玄學

030.8　　　　　　　　　　　　　　　101015379

ISBN-978-986-322-022-0

中國學術思想研究輯刊
十四編　第十二冊　　　　　　　ISBN：978-986-322-022-0

魏晉玄理與玄風研究（上）

作　　者　江建俊
主　　編　林慶彰
總 編 輯　杜潔祥
出　　版　花木蘭文化出版社
發 行 所　花木蘭文化出版社
發 行 人　高小娟
聯絡地址　新北市永和區中正路五九五號七樓
　　　　　電話：02-2923-1455／傳真：02-2923-1452
網　　址　http://www.huamulan.tw 信箱 sut81518@gmail.com
印　　刷　普羅文化出版廣告事業
封面設計　劉開工作室
初　　版　2012 年 9 月
定　　價　十四編 34 冊（精裝）新台幣 56,000 元　　版權所有‧請勿翻印

魏晉玄理與玄風研究（上）

江建俊　著

作者簡介

　　江建俊，台灣彰化人，一九四九年生。政治大學中文碩士、文化大學中國文學博士，一九七九年，回成功大學中文系任教，主授「中國思想史」、「魏晉玄學」、「魏晉學術思想專題研究」、「世說新語」、「老莊」等課程，研究領域以六朝學術、道家思想為主。著有《漢末人倫鑒識之總理則》、《建安七子學述》、《新編劉子新論》、《竹林七賢探微》、《于有非有，于無非無──魏晉思想文化綜論》等書，並主編《竹林名士的智慧與詩情》、《竹林學的形成與域外流播》、《竹林風致之反思與視域拓延》等「竹林七賢」專著。另主辦六屆「魏晉文學與思想研討會」，指導三十餘位碩博士生，積極推展「六朝學」之研究。另有《曹魏名法四子學述》、《魏晉玄學詞典》、《魏晉玄學文選》等書待修補增飾後出版。本作《魏晉玄理與玄風之研究》一書，為完成於一九八七年之博士論文，略作修改後出版，為魏晉相關議題的全面照察。

提　　要

　　向來研究魏晉學術、思想、文化者，或重玄理的推衍，或重名士之風度，本論文則特別正視當時特殊的文化現象，所謂「魏晉風流」，其所呈現的神韻，背後必有其生命的厚度，也就是脫離不了「玄理」的洗禮，而玄理是以三玄（老、莊、易）加上浸染般若佛義，還參與以「辨名析理」為特色的清談論辯，提昇其思維與識見的層次，乃能由豐厚之內蘊，發為鶴立雞群的韻度。是知玄理與玄風密不可分，「玄理」以「有、無」之辯為核心，而「玄風」則以「形、神」為核心。玄理是「體」，玄風是「用」，體用相資。在「玄理」方面，取何、王「貴無」之「崇本息末」思想·裴頠「崇有」之「稽中定務」思想·郭象「獨化」之「迹冥圓融」思想、僧肇「不真空」的「即物順通」思想，以形成完整的玄學發展體系；又輔以「忘言得意」、「言盡意」、「寄言出意」、「聖智無知」的認知方法之照察，乃得闡玄理之精蘊。而在「玄風」方面，則標舉清談、風流、朝隱、唯美等最具代表性的文化現象，各發明其旨趣，使玄理玄風相應，而魏晉之學風與世風，遂得以完整的展現。本論文之末附「影響魏晉學風與世風之名士風流與清談玄論表」，廣搜相關文獻，可作為從事魏晉學術研究者之引導取資，也是本論文各章論述的文本所在，故未可輕忽也。

緒　言

　　以自然爲本的魏晉玄學，摧破漢代天人感應的滯重神學，其特色是追求現象背後之本體，爲現實政治、人生尋找理據，它是一種以客觀之態度來觀察自然與人類關係之「天人新義」。這時道家思想雖躍居主導地位，但傳統儒學之正宗權威性仍未讓位，於是或援道釋儒，或以儒詮道，調和儒道二家，乃爲玄學之主題。

　　玄學家以「辨名析理」的方法，發展老莊學說，尤其本體論方面。先是何晏、王弼主張「寂然至無，是其本」、「有之爲有，恃無以生」，認爲「無」是「本」，是「體」，「有」是「末」，是「用」，從而建立其「貴無」的體系。裴頠則反其道，言「濟有者必有」，物自生而體「有」，此爲「崇有」論。到了郭象，亦駁斥「無能生有」之說，他說「無既無矣，則不能生有」，又言：「涉有物之域，雖復罔兩，未有不獨化於玄冥者也」。但郭象雖反對無能生有，却不以有能生有，而認爲萬物「自生獨化」，突然而生，乃不知所以然而然，爲自然而然的產生。到僧肇則更取消有無、本末之對立，以「中」解「空」，有無雙遣，以「非有非眞有，非無非眞無」爲立文之本旨，統一有無，宣揚「中觀」哲學。此爲魏晉形上學的發展概略。

　　由何、王之援道釋儒，調和儒道，言「聖人體無」，此即「名教本於自然」之論也。經過阮籍、嵇康的改造，提出「越名教而任自然」，衝決禮教之束縛，追求自由放達，造成名教危機。故郭象起而彌合之，注解《莊子》，宣揚「跡冥圓融」論，主張「無心順有」、「遊外冥內」，「爲」於「無爲」，而統一了「自然與名教」的衝突，以投合當時士流的口味。從「名教」與「自然」之分合，可以折射出魏晉時代之政治、社會情況。

形上本體的有、無之辨，到「獨化論」而圓融；在現實社會方面，「自然」與「名教」之衝突，到郭象「跡冥圓」也得到解決，所以郭象是將玄學推展到最圓熟的境界。自此以後，不是掉轉回頭，重新把握「無」（如張湛言：「萬品以至虛爲宗」），不然就是走到佛教「眞如」世界，此時「般若性空」之說大行其道，至僧肇批判且總結了玄學與般若，漸開啓了佛學的盛世。

而做爲玄學核心的本末、有無之辨，實踐於人生，除了有爲、無爲，仕與隱等問題外，在魏晉實可推演到言意、情禮、方內方外、形神、眞俗、理想與現實……等人生行爲上，極多姿多彩，極饒情味，其出「有」入「無」，超言絕象，任性稱情，不但豐富且提高了中國哲學的內容與品質，而玄解清遠，自覺性極高，啓迪了藝術心靈。故掌握「有」「無」，實已控有開啓玄學的鑰匙。

由是觀之，魏晉玄學既玄遠又現實，既抽象又具體，似乎超越政治，其實又與政治關係密切，玄學乃把握時代脈搏，發掘時代精神的契機。在那個學風丕變的時代，塵尾玉柄之流，運用有無、同異、是非、可否、合離等名學方法，去攝握天道與人事萬象，他們講求「會通大義」、「自作子書」，從其所提出的問題之廣泛與新穎，可看出一幅蓬勃的學術文藝發展前景！

溯自何、王之以「貴無」倡，郭象又以「適性」逍遙說呼應之，整個時代乃順理成章的走上玄虛的道路，於是標榜個體自由，宣揚「無君」思想，爲其縱任行爲找理論之支柱。從《世說新語》標出「任誕」一目，「風流任誕」乃成爲極具代表性的時代特色，他們縱酒、服食、嘯詠出林，鄙夷禮法，賣弄情采，以此爲高雅。至於傅粉施朱以求美，琴棋書畫以冶情，貴勝年少，樂此不疲，而於實務則多所不經。

此時士人以「美」爲第一要求，由於玄學講寄言出意，遺形取神，啓迪藝術心靈，於是他們發覺人類本身的神姿風貌之美，每一個人皆如一件藝術品般的耐人尋味，故人物品鑑乃成爲一時風氣。他們也發現周遭景物之美，大自然美景，應接不暇；眼前生活用品，無不可玩賞。於是歌誦山水勝景、吟詠珍奇細物的詩章大量出現，此種愛美、樂美的時風，造就了美的文化，貴遊的文化。

猶有一端，魏晉流行一種新的隱逸觀，即是以「仕」爲「隱」的「朝隱」，此風氣的養成，實自亂代爲明哲保身計，因而在朝任職却「與時舒卷，寄通而已」，其後士大夫耽好逸樂，以「遺事」爲能，以「憒憒」爲高，逐隱之「跡」，

附庸風雅，競營別業，優遊山水，居官無官官之事，以「朝隱」之風盛行，故有郭象「跡冥」論的產生，此實為一般耽於享樂，又慕尚風流者，提供了方便之門。

魏晉人物之典型為「名士」，其行為則雅稱「風流」，自何晏、七賢風姿為時人仰慕，逐影效跡者遂至放蕩越禮，無所不至，此實亡國之罪魁。至於七賢則不必擔負此責，蓋七賢本具才質，值多故之時代，痛苦而執著的適應其環境，而其襟懷本高，從七賢理想中的人格型態，可看出七賢之人品。七賢中阮籍、嵇康、劉伶三人皆嚮往「大人型」之仙道人物，阮籍有〈大人先生傳〉之作，著力描寫一位獨與天地精神相往來的真人，其言曰：

> 大人者，乃與造物同體，天地並生，逍遙浮世，與道俱成。

《世說》注引〈竹林七賢論〉曰：「籍（見蘇門山人）歸，遂著〈大人先生傳〉，所言皆胸懷本趣，大意謂先生與己不異也。觀其長嘯相和，亦近乎目擊道存矣。」由此可知「大人」乃阮籍之襟期也。同為七賢之一的劉伶，雖土木形骸，而志氣豪上，機應不差，其僅存的〈酒德頌〉一文，亦有「大人先生」之描述，其言曰：

> 有大人先生者，以天地為一朝，萬期為須臾，日月為扃牖，八荒為
> 庭衢，行無轍跡，居無室廬，幕天席地，縱意所如。

此亦自道懷抱也。而嵇康〈卜疑〉中亦勾勒「大人」之形象，祇是換了個名稱而已，其言曰：

> 有宏達先生者，恢廓其度，寂寥疏瀾，方而不制，廉而不割，超世
> 獨步，懷玉被褐，交不苟合，仕不期達……以天道為一指，不識品
> 物之細故也。

此一見即知是「自道」者。上列三人借老莊至人、神人、真人等最高人格形象立言，一方面表示自己守「道」之篤，一方面也是用來掊擊營營名利的禮法之士。而其遺世絕群，超然塵外之思，實足以高尚其志也。竹林七賢最足以代表「名士」一格，其中尤以嵇、阮別有名論，但以非屬「有無」之辨，故吾人另有專書議論之，於此不贅。然於其風流之跡，則時於「玄風」各章中見之。

魏晉之學風與世風是魏晉時代特殊的產物，而學風與世風則見諸於名士風尚與玄論著作。欲揣魏晉之學風與世風，必待名士風尚與清談玄論；而欲考魏晉特有之政治社會情狀，則從魏晉之學風與世風見之。魏晉思潮萬端，擇其重點而論之，然後魏晉思想轉變之跡可明，魏晉時代之新貌亦得以凸顯。

　　而玄理與玄風的配合，理論與實踐之兼顧，可由「有無」與「形神」此兩兩相對的概念加以貫穿之，故掌握「有」、「無」實已控有玄理之門徑，把握「形」、「神」，乃能會乎玄風的要妙。另外，本論文亦重視「玄理」間「縱」的聯繫，及「玄風」間「橫」的關係，也就是玄理方面王弼「貴無」、裴頠「崇有」、郭象「獨化」正循著正、反、合的辯證發展趨勢，而僧肇「不真空」義，則統合佛、玄。玄風方面，清談談辭及其品題無不尚美，且玄談即屬風流行為；而朝隱即在朝却一任清談、遊浪山水，在其中發覺自然山水之美；同時朝隱、風流、清談既合乎玄美的要求，亦發現了美。

　　本論文探討的範圍，自魏齊王芳正始年間，以迄東晉之亡止。全文三十餘萬言。後附以「影響魏晉學風與世風的名士風流與清談玄論表」，以做為本論文立說的根據，從而乃稱有源有流。

　　本論文之綱領，在玄理方面，有由吾師黃錦鋐先生所提示者，而寫作期間導迷怯惑，悉心指正，殷殷提挈之情，實終生難忘。而高師仲華、潘師石禪先生之諄諒垂詢，愛護倍至，令人由衷感戴，謹此特申謝忱。而思緒紛繁，每不得暢盡其旨，體系亦未臻縝密，尤其文獻參引頗為缺漏，尚祈大雅斧正焉。

上篇：魏晉玄理研究

第一章　魏晉玄學之相關議題

前　言

梁啓超在《中國學術思想變遷大勢》一文中劃分中國學術思想爲七個階段，其中魏晉時代，屬老學時代，是道家言猖披的時代。此時期亦爲懷疑主義、厭世主義、破壞主義、隱詭主義、儒佛兩宗過渡之時代，亦爲儒學最衰落的時代。〔註1〕梁氏放言犀利，令人無下口處，雖其間有可取者，然猶未得其底蘊。今人余英時沿錢穆先生之說，講魏晉南北朝三百年學術思想，一言以蔽之，爲個體自覺意識的時代；〔註2〕楊東蓴《中國學術史講話》則稱爲自然主義特盛的時代；劉大杰《魏晉思想論》稱之爲浪漫主義的時代；沈剛伯先生則稱之爲「文化大革新」的時代。要之，一般皆以魏晉爲精神之大解放、人格思想上之大自由的時代，是自我價值得到肯定，爲唯美欣賞的時代，是人之覺醒的時代，以其具有新的思想方法，故又稱理性主義的時代。

以上各家都道出魏晉時代特色之某一點，皆各有孤詣，綜合而後乃得較完整的體認。今日研究魏晉學術思想，即稱此時代爲「玄學」時代。在中國學術思想上，它與先秦諸子學、兩漢經學、隋唐佛學、宋明理學居於同等的地位。

緣於儒學本身攀附太過而變質時，〔註3〕道家一直扮演著批判的身分，兩漢治老子者有五十餘家，可見道家思想這股「伏流」，其勢本不可忽視，它以「天道自然無爲」之旨，對變質之儒學起了淨化廓清的作用，自嚴君平、揚雄、桓譚、王充、張衡、馮衍到仲長統，一脈相承，皆好《易》、《老》，闡發玄理，其說一直是摧毀天人感應及讖緯迷信的利器。到東漢末年，天下崩離，

〔註1〕梁啓超《中國學術思想變遷大勢》（台北：中華書局，1956年）。
〔註2〕余英時《中國知識階層史論》（台北：聯經出版公司，1980年）。
〔註3〕兩漢經學因注重章句訓詁而流於繁瑣迂濶，且附會陰陽讖緯而流於荒誕不經。

禁錮思想的封條被揭去了，因為利祿之路已絕，故章句一蹶不振，代之而起的是辨名析理的玄理思潮。他們以暢玄為安身立命之所，以任放情性為抒發苦悶的出路，當然也有假虛談為逃身藪者。

當時玄學家多儒道兼綜，如裴徽才理清明，能釋玄虛，每論《易》、《老》、《莊》之道；何晏通《老》、《易》，作《論語集解》；王弼亦好論儒、道，注《老子》、《周易》及《論語釋疑》；阮籍則有通《易》、通《老》、達《莊》；郭象注《莊子》，作《論語體略》，可見「綜合儒道、敷暢三玄」是魏晉玄學的特點。

玄學乃通過有、無、本、末問題之討論，來重探儒道新理，也利用老莊天道自然，以論證儒家綱常名教之合理性；其如《列》、《楊》與佛理，在學術、文化上，也都影響深遠，不但在思想觀念及日常生活之言行上，處處可見其跡。故其所以能席捲一代思潮，乃因具有很強的思辨性，而其崇尚自然，更具有極大的吸引力。

第一節　述　玄

「玄」作為哲學概念始于《老子》，《老子‧第一章》言：「此兩者（有與無）同出而異名，同謂之玄。玄之又玄，眾妙之門。」此以「有」與「無」同為「玄」。

其後《莊子‧天地篇》講「玄德」、〈天道篇〉講「玄聖」，〈大宗師〉有「玄冥」等；《韓非‧解老》講「玄虛」，《呂氏春秋》有「玄明」。至於「玄」之一字，歷來各有不同之解釋，在字書方面，《康熙字典》引《爾雅‧釋天》云：

> 理之微妙者為玄。

《說文解字》則云：

> 玄，幽遠也，象幽而入覆之也，黑而有赤色者為玄。

《廣雅》則釋為：

> 夫玄者，天道也，地道也，人道也。

此以幽深微妙，為討論天、地、人之理，也就是討論宇宙與人生之問題者。

河上公《老子注》則云：

> 玄，天也，言有欲之人與無欲之人，同受氣於天。

揚雄《太玄經》乃本《易》而作，為擬經而實逆經者，其釋「玄」為：

> 幽攡萬類而不見形者也。

張衡《玄圖》則云：

> 玄者，無形之類，自然之根，作於太始，莫之與先。包含道德，攝
> 掩乾坤，彙籥元氣，稟受無形。

漢人以「元氣」釋「玄」之跡甚明，屬宇宙生成論。到了魏晉，對於「玄」
的理解，就迥然有別，如王弼《老子注》云：

> 玄者，冥也，默然無有也。

又《老子指略》云：

> 玄也者，取乎幽冥之所出也。

王弼以冥默釋「玄」，其有「不可得而名」、「萬物之極」的性質，為通貫《老
子》後所作之訓解。《莊子·大宗師》：「於謳聞之玄冥」下，郭象注云：

> 玄冥者，所以名無而非無也。

郭象以「冥」釋「玄」，「冥」是自生獨化之根本。他如孫綽於〈遊天台山賦〉
中云：

> 悟遣有之不盡，覺涉無之有間，泯色空以合跡，忽即有而得玄。

此言「即有無」而得「玄」。而葛洪《抱朴子·暢玄》篇則云：

> 玄者，自然之始祖，而萬殊之大宗也。眇昧乎其深也，故稱微焉，
> 綿邈乎其遠也，故稱妙焉。

此發揮《老子》「玄之又玄，眾妙之門」之神秘功能。藉著「守一思玄」，可
登乎妙境。綜上所述，「玄」之為「玄」，為幽深微妙，無形無名，為萬殊群
動之根源，其實就是「道」，就是「無」，就是「自然」。魏晉新學即環繞此「本
體」問題而展開，並推之於政治、人倫等各個層面上。

至於「玄學」一詞，或於西晉時已用之，據《晉書》卷五十四〈陸雲傳〉：

> 初，雲嘗行，逗宿故人家，夜暗迷路，莫知所從。忽望草中有火光，
> 於是趣之。至一家，便寄宿，見一年少，美風姿，共談《老子》，辭
> 致深遠。向曉辭去，行十許里，至故人家，云此數十里中無人居，
> 雲意始悟。却尋昨宿處，乃王弼冢。雲本無「玄學」，自此談老殊進。

由上記載，雖涉神怪，却可說明「玄學」由王弼首倡，王弼注《老》，所以說
「談老」大為進步。〔註4〕而王弼《老子注》及《老子指略》特別強調「無」
為萬「有」之根本，並以體用、本末、動靜、一多、寡眾、常變等概念論證

〔註4〕另南朝宋劉敬叔《異苑》卷六則有陸機與王弼談玄之鬼怪事，可參看。（北京：
中華書局，1996 年）頁 53。

之，此則爲以思辨爲特色的玄學打了一深厚的基礎，從此，「聃周當道，與尼父爭塗」，〔註5〕蔚成一代宗風！是故以闡發《老子》爲主要內容的學問，稱之爲「玄學」，不亦宜乎！

在沈約《宋書·雷次宗傳》中曾言：

> 元嘉十五年，徵次宗至京師，開館于雞籠山，聚徒教授，置生百餘
> 人。會稽朱膺之、潁川庾蔚之并以儒學，監總諸生。時國子學未立，
> 上留心藝術，使丹陽尹何尚之立「玄學」，太子率更令何承天立史學，
> 司徒參軍謝元立文學，凡四學并建。

則「玄學」成爲國子學之一門。而以「玄」標志當時區別儒、文、史的新道家思潮。然據晉武帝時，祕書監荀勗因鄭默《中經》，更著《新簿》，總括群書，分爲四部，甲部記六藝及小學；乙部有古子家、近世子家、兵書、術數；丙部有史記、舊事、皇覽簿、雜事；丁部有詩賦、圖讚、汲冢書。則此南朝宋所立之「四學」，其序同於荀勗，則玄學即乙部，屬子書類，那麼，玄學固不以老莊爲限也。《顏氏家訓·勉學篇》即言：「莊、老、周易，總謂三玄」，可證當時「玄學」一名，既用爲子家義理學之泛稱，也指一般「玄遠之學」。

玄學在「不滯於拘墟，宅心高遠，崇尙自然，獨標遠致，學貴自得」（劉師培《左盦外集》卷九〈論古今學風變遷與政治之關係〉）方面，令人耳目一新，以故號稱「新學」，據《四庫提要》論《周易正義》云：

> 《易》本卜筮之書，故末派寖流於讖緯，王弼乘其極弊而攻之，遂
> 能排擊漢儒，自標「新學」。

「新學」是對舊學而言，言其新，是有下列幾點：（一）由經學獨尊轉向三玄；（二）由讖緯迷信，煩瑣章句中跳出，轉向會通大義，貴清通簡要；（三）以形上本體論代替宇宙生成論，善於掌握事理的核心概念；（四）由家法師承之傳授方式轉向平等對辯，研精一理；（五）由經學一統轉向諸子學之復興。值鼎革之際，人心思變，最易於孕育新思潮，於是「玄門」遂取代「經訓」成一代之宗風。

綜合上列所述，故吾人對「玄學」的理解是：其性質玄遠、玄妙；其內容以《老》、《莊》、《易》「三玄」爲主，加上玄釋交融時之「般若學」，可稱「四玄」。其特色是形上「有、無、本、末」之辨；其形式是「辨名析理」，其精神是「遺言重意」；其基源問題是「儒道合流」，亦是自然、名教，情、

〔註5〕《文心·論說》言：「何晏之徒始盛玄論。」

禮與形、神之本末分合之辯諍。它是配合當時政治、社會、學術的需要，改造與發展秦漢以來儒、道兩家思想的一種新的意識形態。而此「新學」最後又被佛學中觀說的「空有不二」〔註6〕所融攝，也爲初唐道教「重玄學」之興起開路。

第二節　玄理與玄風

　　談到玄學的主題，可謂人各異辭，家各異說，且多持之有故，言之成理，欲分軒輊，實難之又難，若從現象層面，自可說是「自然與名教」的問題，或所謂「天人」的關係問題；若從精神、特質上言，當爲「超越」的追求；從學術史上立論則應爲「溝通儒道」、「會通孔老」；亦有從意義上思考，而稱「回歸自然」、「安頓個己」。然「玄」之所謂「玄」，當發其「本」，究其「微」，於說理時涵蓋面愈深廣，愈近眞，推及於各層面皆無罣礙者愈貼近，尋其發展則有跡可循，檢其效驗卻雖虛而實，經抽絲剝繭，使「有」、「無」一對概念呼之欲出。

　　世多本〈荀粲傳〉中言「粲尙玄遠」、「嘏善名理」而將玄學分爲「玄論」與「名理」兩派（或名理與玄遠），在這裡無形中忽略了「宗致」之「同」。而以談《老》、《莊》、《易》者爲「玄論」派；究名實、重才性、主刑名者爲「名理」派，甚且以「名理」爲「玄論」之否定。不知「名理」乃「玄學」的方法，乃「辨名析理」的簡稱，「玄論」派依然要用之。可見「名理」乃通稱，因當時精「名理」者，多以善談名。故凡透過核「實」定「名」的基礎，不論談三玄，或究宇宙、人生，祇要能「推類辨物」、研精一理者皆屬之。其後藉「名理」以伸論之主題亦有改變，其有以「才性」爲主之才性名理、以「三玄」爲主的玄學名理，以佛理之析義爲主的可稱爲佛義名理等，絕不能以講名實關係、並與政治用人密不可分者才稱之爲「名理」。

　　由此在分派時強分「名理」與「玄論」者，已站不住腳，何況，又有從「玄遠」一派裡區分務理論與重實踐之兩種，於是強分爲名理、玄論與曠達三派。而以七賢爲曠達之代表，這多本自《世說新語》之將七賢置於〈任誕〉、〈簡傲〉篇的關係。但「曠達」之行，實不能歸於玄學，玄學亦不能與清談畫等號，清談爲言語應酬，玄學或爲清談之最勝義，敘口辯之理義爲名論，

〔註6〕佛教般若學可視爲一玄，合老、莊、易「三玄」，是爲「四玄」。

此名論後又成「言家口實」，可知清談與玄學有關，玄學屬「玄理」，清談屬「玄風」，是魏晉時代士人特殊風氣。

今應先使學說，如養生論、聲無哀樂論、崇有論、貴無論、適性逍遙論……等；與行為方面的清言、風流任誕、唯美賞鑒、朝隱等劃清界限。一為「玄理」，一為「玄風」。

今「玄理」與「玄風」，卻可由「有」與「無」兩概念來籠罩之，就「玄理」方面，玄學家將「有」、「無」的關係，解釋成體用、本末、靜動、常變、一多、寡眾、母子、理事、經權、意言、至常、神形、冥跡、真俗、虛實、聖凡、有為無為、天人、自然名教的關係，使有、無的內涵更為豐富；而「玄風」方面，「有」、「無」迺可滲透到各層面，如入世容「跡」（有），而心卻歸「冥」（無），此「無」心順「有」之論也；另於言象（有）外，「出」其「意」、「寄」其「意」，以暢其「玄」（無）；於「情禮」則求「自然」；於行為則尚其「真」；瞻形而得其「神」；吐辭貴「清雅」、「玄遠」，就如適性、護志、忘情、妙解、標韻、慎默、尚美、虛靈、慕隱、尚通貴達……等，無不可以「有」、「無」貫穿之。凡現實、形而下的皆可用「有」形容之，而無形無名的本質或理想，屬境界義者，則可以「無」形容之，而出「有」入「無」，即是由有限之形質，向無限的道境飛躍。就是佛教說「空」道「有」，還是引「有」、「無」為連類，以「有」、「無」比附「有」、「空」，正是「格義」之特色，「空」為真諦、「有」為俗諦，僧肇標「真俗不二」，即是「空有不二」。無論玄、釋，皆可引「有」、「無」為連類，以「有」、「無」的外延最大。

而「玄理」是體，「玄風」是用，用不離體，體不離用。玄理透過玄風表現之，玄風背後有玄理作基礎，譬如竹林七賢，行為任誕、簡傲，但我們評價七賢，應當就任誕的外表，透視到七賢內在的苦痛，及其嚴肅的諷刺性與抗爭性，因為七賢皆具高拔的思致，及不懈的追求最高理境。又如魏晉名士流行以吏為隱的心隱，實為玄學「游外冥內」、「跡冥圓融」、「體無用有」說的落實。魏晉士人之行為重「神韻」、貴「率真」，一言一行，頗耐人尋味，迺受「忘言得意」、「適性逍遙」說的影響。準乎此，欲了解名士之性行，當從其「跡」（有——玄風）上溯其「所以跡」（無——玄理），庶幾得其真性。欲理會「玄理」，如有無、言意、形神、真俗、才性等命題，也絕不能不注視其政治、社會之背景，因為「玄理」絕非憑虛蹈空的「夸談」，實有彌深之憂患意識，它貼合著時代現實，為群為己尋找出路，從許多名論在糾時之弊可

以覘之，欲窺「玄理」之眞正義涵，實應落實於「玄風」以證成。

第三節　荆州新學

　　湯用彤以王弼「新學」與荆州學術有密切的關係，[註7] 故有謂王弼《易注》即本乎王肅《周易注》，王肅易又出自其父王朗之易學，所以，「正始玄音」與荆州學術頗有淵源關係。

　　按漢末天下大亂，關中膏腴之地，遭到刧掠，學術重心不得不自京師轉移到地方。[註8] 當時人民四處逃亡，其中流入荆州者，有十餘萬家（據《魏志‧衛覬傳》），中原人士視荆州爲「託庇所」。以荆州一方面佔盡了地利：「北據漢、沔，利盡南海，東連吳會，西通巴、蜀」，[註9] 地理位置縮轂四方，交通極爲便利；且地方數千里，經濟條件亦極優越。一方面又佔了人和，以劉表鎮荆州，威懷兼施，萬里肅清，遠近悅服。劉表本身是漢末太學生，宗室後裔，清流名士，故名列「八及」之一，[註10]「及」者，言其能導人追宗者也，且好名愛士，對於來投奔他的，都得到安慰賑贍，荆州在他的治下，州境清謐，人民豐榮。《資治通鑑‧獻帝建安元年紀》云：

>　　劉表愛民養士，從容自保，境内無事，關西、兗、豫學士歸之者以
>　　千數。

由於荆州物阜民殷，人文薈萃，經劉表之宏獎，學術發達一時。《魏志》裴注引《英雄記》云：「州界群寇既盡，表乃開立學官，博求儒士」，於是百家躍然興起，蔚成新學風。王粲《荆州文學記官志》曰：

>　　乃命五業從事宋忠，所作文學，延朋徒焉。宣德音以贊之，降嘉禮

[註7]　湯用彤《魏晉玄學論稿》。另程元敏〈季漢荆州經學〉一文可參攷之。《漢學研究》四卷1期，1986年。頁211～264。五卷1期1987，頁229～263。

[註8]　《後漢書‧儒林傳序》載：「及董卓移都之際，吏民擾亂，自辟雍、東觀、蘭台（臺）、石室、宣明、鴻都諸藏，典策文章，競共剖散。其縑帛圖書，大則連爲帷蓋，小乃制爲縢囊。及王允所收而西者，裁七十餘乘，道路艱遠，復棄其半矣。後長安之亂，一時焚蕩，莫不泯盡焉！」頁2548。文化浩刧，莫過於此，故章句之學衰，學術亦不得不變矣。

[註9]　《三國志‧蜀志‧諸葛亮傳》，頁912。

[註10]　見《後漢書‧黨錮列傳》：「張儉、崔旴、劉表、陳翔、孫昱、苑康、檀敷、翟超爲八及。」另一說：「朱楷、田槃、疎耽、薛敦、宋布、唐龍、嬴咨、宣褒爲八及。」見〔劉宋〕范曄《後漢書》（台北：鼎文書局，西元1979年），頁2187、2188。

以勸之，五載之間，道化大行，耆德故老綦毋闔等負書荷器，自遠
而至者三百有餘人。

從上列引文，可知中原流亡到荊州者有十萬餘家，學士歸之者以千數，而名
重當時的耆德碩儒由遠道而至的，也有三百多人。這些人都是帶動荊州學術
發達的主力，彬彬之盛，實罕與倫比。祇因為漢末喪亂，經學荒廢，庠序失
修，典藏剖散。及獻帝都許，曹氏掌權，仍以專務征戰之故，未遑注意教化
之本的學術，雖荀彧曾勸曹操「宜集天下大才通儒，考論六經，刊定傳記，
存古今之學，除其煩重，以一聖眞」（《三國志‧荀彧傳》注引〈彧別傳〉），
然操並未從其言。今劉表於干戈之際，獨自關心學術，那股「述先聖之元意，
整百家之不齊」的精神，實有開風氣之功。故劉表雖無霸王之才，却有著述
獎學之美。惠棟《後漢書補注‧劉表傳》下引〈鎮南碑〉云：

武功既亢，廣開雍泮，設俎豆，陳罍彝，親行鄉射，躋彼公堂，篤
志好學，吏子弟受祿之徒，蓋以千計，洪生巨儒，朝夕講誨，闓闓
如也。雖洙泗之間，學者所集，方之蔑如也。深愍末學，遠本離直，
乃令諸儒改定五經章句，刪劃浮辭，芟除煩重，贊之者用力少，而
探微知機者多。又求遺書，寫還新者，留其故本，於是古典墳集，
充滿州閭。

由這段碑文，知劉表對學術的貢獻，可說千古不滅。而歸納可得下列數端：（一）
廣求遺書，並令人抄寫，以恢復舊籍，普遍學術。（二）學者辯論經義，刊定
字句，講學之風鼎盛。（三）漢代章句末流，「務碎義逃難，便辭巧說，破壞
形體，說五字之文至於二三萬言」（《漢志‧六藝略》），而荊州刪繁去蕪，使
人能探微知機，以得義理之本。

當時來荊州的學者，除王粲外，可考知的有經學家宋忠、綦毋闔、潁容、
王肅；文字學家邯鄲淳；黃老家劉先；名法家劉廙、蒯越、諸葛亮、〔註 11〕
石韜、孟公威，〔註 12〕他如李仁、李譔、尹默、和洽、杜襲、杜夔、裴潛、
潘濬、趙歧、趙戩、趙儼、繁欽、傅巽、諸葛玄、梁鵠、蔡睦、士孫萌、司
馬芝、徐庶、荀攸、司馬徽、孫嵩、王凱、賈詡、張繡、禰衡、龐統、向朗、

〔註 11〕《三國志‧蜀志‧諸葛亮傳》載：「亮早孤，從父玄為袁術所署豫章太守，玄
將亮及亮弟均之官。會漢朝更選朱皓代玄。玄素與荊州劉表有舊，往依之。
玄卒，亮躬耕隴畝，好為梁父吟。」頁 911。
〔註 12〕《三國志‧諸葛亮傳》注引《魏略》曰：「亮在荊州，以建安初與潁川石廣元、
徐元直，汝南孟公威等俱游學，三人務於精熟，而亮獨觀其大略。」

劉巴、文穎等，名流蝟集，講論不綴，學術極其發達，在這種自由的學風下，每易於孕育新思潮，此有同於齊稷下之學風。據《荊州文學記官志》云：

> 遂訓六經，講禮物，諧八音，協律呂，修紀曆，理刑法，六略咸秩，
> 百氏備矣。

除經學外，兼天文、曆法、刑律、音樂，融通眾家之言，科目多，自由討論，深化名理。劉表本身並無遠志，在各路英雄競起之下，祇想西伯自處，而他自己也是個經學家，曾著《周易章句》五卷，《新定禮》一卷，在他的領導下，由宋忠主持，重新對經學加以研議、整理與改定，其成果即代表推陳出新的《五經章句後定》；〔註13〕他又命故雅樂郎河南杜夔作雅樂，使經定樂諧，曆修刑理，學術粲然可觀。

　　以上明荊州學之大觀，次考荊州學之精神及其內容：據〈李譔傳〉言：「李譔與同縣尹默俱遊荊州，從司馬徽、宋忠等學，譔具傳其業，又從默講論義理，五經、諸子，無不該覽。」〈尹默傳〉：「遠游荊州，從司馬德操、宋仲子等受古學。皆通諸經史，又專精於《左氏春秋》。」則除經學外，荊州學於子史亦同時講論之。且荊州學之中堅人物宋忠以《易注》十卷、《太玄經注》九卷為天下所重，學生如李譔著《太玄指歸》，其學「異於鄭玄」；又王肅從讀《太玄》，而「更為之解」，亦「善賈、馬之學，而不好鄭氏」，則荊州學必於鄭學「有所不愜，故益加刪落，以求義理之本」也（余英時〈漢晉之際士之新自覺與新思潮〉）。按《後漢書‧鄭玄傳》末范曄論曰：

> 漢興，諸儒頗修藝文；及東京，學者亦各名家。而守文之徒，滯固
> 所稟，異端紛紜，互相詭激，遂令經有數家，家有數說，章句多者，
> 或乃百餘萬言，學徒勞而少功，後生疑而莫正。鄭玄括囊大典，網
> 羅眾家，刪裁繁誣，刊改漏失，自是學者略知所歸。

則鄭玄刪裁繁蕪，為章句之反動，而刪裁未盡，仍未能因應時代劇變，必再經荊州學之「刪劃浮辭，芟除繁重」之再簡化運動，而後乃得義理之本。是荊州學既以求簡求新為其精神，故不得不對鄭學偶像，施以打擊，並自張新幟。上列諸人毋論矣，即王粲亦以尚書難鄭玄，他因嗟怪於鄭氏道備之說，因求所學，得《尚書注》，反覆思省，以盡其意，其有疑而未明者，都為二篇。《唐書‧藝文志》云：「王粲問，田瓊、韓益正。」田瓊為康成弟子，魏時曾

〔註13〕《魏志‧劉志傳》注引《英雄記》：「使綦毋闓、宋忠等撰定五經章句，謂之
　　　　後定。」荊州新學以古文經學為主，並極重《易》與《太玄》。

為博士，則或因王仲宣與康成之說舛異，康成弟子執師說以駁正之也。由於荊州學者對《易》與《太玄》的新注新解，如宋忠有《太玄經注》重解義，掀起研究《太玄》之熱潮，其後更有王肅、虞翻、陸績、李譔皆有《太玄注》，因《太玄》雖本儒《易》，而實另開一新的解釋架構，以其宗儒而有參道者，其述「玄」為幽深難測，為萬有之本源，引至學風丕變，因喜張新議，於啟導魏晉玄理，必大有關係。

　　既然荊州學之中心人物劉表、宋忠、王粲皆於《易》有新解，故天才卓出、通辯能言的王弼一出，秉承家學，〔註14〕機辯無礙，以是注《易》掃象，善於言理。此不憚其煩的陳述荊州學術，蓋有以見大暢玄風之王弼的思想淵源也。焦循《周易補疏》敘中言：

> 東漢末以易學名家者稱荀、劉、馬、鄭，荀謂慈明爽，劉謂景升表。
> 表之學受於王暢，暢為粲之祖父，與表皆山陽高平人。粲族兄凱為
> 劉表女婿，凱生業，業生二子：長宏次弼。粲二子既誅，使業為粲
> 嗣，然則王弼者，劉表之外曾孫，而王粲之嗣孫，即暢之嗣玄孫也。
> 弼之學蓋淵源於劉，而實根本於暢。宏字正宗，亦撰易義，王氏兄
> 弟皆以易名，可知其所受者遠矣。

則王弼的學術淵源為王暢、劉表與王粲。而表與粲皆荊州學之中心人物，弼之家學淵源可謂深且遠矣。且漢末大儒蔡邕有書近萬卷，末年載數車與粲，粲亡後，二子又被魏諷案牽連受刑，邕所與書乃悉入業，業即弼之父，故弼之博覽閎通，及早智夙慧，實其來有自。清・張惠言云：「王弼注易，祖述王肅說，特去其比附爻象者。」（《張臯文文箋易詮全集》），湯用彤云：「王弼之家學，上溯荊州」，〔註15〕則荊州新學簡化尚玄的風氣，實大大影響魏晉之學風。從《南齊書・王僧虔傳》言「荊州八袠」，為「言家口實」，可窺端倪。他如人倫識鑒之風於荊州亦盛，此為知人、用人而盛於漢末，建安以下的人物品評及崇尚通脫簡易之風氣，也是深入影響玄風者。所以我們認為荊州新學是兩漢思想向魏晉玄學過渡的重要環節。〔註16〕

〔註14〕焦循《易餘籥錄》載：劉表以女妻王凱，生業，業生二子，長宏：次弼，以
　　　　業為（王）粲嗣，則王弼為王粲嗣孫。…弼見宏亦撰《易》義。王氏之于《易》
　　　　蓋源於劉表。

〔註15〕湯用彤〈王弼周易論語新義〉，收入《魏晉玄學論稿》（台北：廬山出版社，
　　　　1972年），頁94。

〔註16〕王弼易學與王朗易學、王肅易學的關係，今人有較多的討論。

第四節　玄學之方法——言意之辨

　　由漢末士人之轉而浸淫《老》、《莊》、《易》,於《易》取「書不盡言,言不盡意」(〈繫辭上〉)之旨;取《老子》「天之道,不爭而善勝,不言而善應」,而得「知者不言」之旨;於《莊子》借輪扁之喻聖賢書乃古人之糟粕,而取其「得意忘言」之義。何晏之〈無名論〉、〈道論〉亦以「超言絕象」來形容道。王弼則於〈明象〉中暢「得意忘象,得象忘言」,言「觸類可爲其象,合義可爲其徵」,遂貶象數《易》之案文責卦、僞說滋漫,而於義無所取,遂揚棄象數解《易》之拘執、牽強附會,以建立新學的基礎。其精神是從現象求其本質,並以打破凡常,反求至眞。由何、王所開的「正始之音」,即標示著玄學代替經學的符號,於時言用意體、言末意本、修本廢言之觀念瀰漫,是以「言意之辨」遂爲湯用彤指爲「新學」的方法。因爲「玄學」以「辨名析理」爲特色,追求玄遠,強調具體有限之事象背後之根本,掙脫現象之枝末,論述正本清源,此「貴道崇本」的思維啓導了重本輕末,重體輕用,重內輕外,重意輕言等概念。由「體意用言」,衍發不廢名教而任自然,展開別開生面之論述。

　　自荀粲稱「六籍雖存,固聖人之糠秕」,蓋「理之微者,非物象之所舉也」,於意外、繫表之言,乃蘊而不出,而推出「言不盡意」之論。而王弼講「忘言忘象以得意」,稽康也講「言不盡意」,向秀、郭象則提出「寄言出意」,言「要其會歸而遺其所寄」,此屬「言不盡意」系統。唯歐陽建拗眾人之口,標舉「言盡意論」,然其言:「夫天不言而四時行焉,聖人不言而鑒識存焉。形不待名而方圓已著,色不俟稱而黑白以彰。然則名之于物無施者也,言之于理無爲者也。」則又是「言不盡意」之論也。一直到東晉,如殷融之有〈象不盡意論〉、張韓之〈不用舌論〉,皆在揭發不言之言。及佛門支遁、道安、竺道生、僧肇之對名實皆有相近議論。玄學家幾乎皆涉及言意的問題,可見當時之人對語言之表達及運作,明顯的已有高度的自覺。

　　由「言意之辨」推衍於人物識鑒,則有「形神之辨」,當時品藻人物講「瞻形得神」,即緣於「重意輕言」之理,如蔣濟有觀眸子以識人之說, [註17]劉邵亦暢「徵神見貌」,從形容、聲色、情味以識人之論。而「遺形得神」也成

〔註17〕歐陽建〈言盡意論〉:「世之論者以爲言不盡意,由來尚矣。至乎通才達識,咸以爲然。若夫蔣公之論眸子,鍾傳之言才性,莫不引此爲談證。」

了品藻一個人器識、雅量等內在人格氣質的憑藉。〔註 18〕所謂「當其得意，忽忘形骸」，故寫照傳神，目擊道存，其神姿風韻之妙，可以性通，難以言傳。從《世說》之〈賞譽〉、〈品藻〉、〈容止〉諸篇對人物之賞譽，多屬「欣趣智悟」性質，〔註 19〕以直述之不足，故以比喻喻之，而呈顯活活潑潑，多采多姿的生命型態，給人無窮的遐思與趣味，這種不用落實、正面以形容，反得其全幅之欣賞者，正是所謂的「遣言得意」的道理。

至於日常生活上，則特重「會心處」，如《世說・言語》61 載：

> 簡文入華林園，顧謂左右曰：「會心處，不必在遠。翳然林水，便自
> 有濠、濮閒想也。覺鳥獸禽魚，自來親人。」〔註 20〕

此種「應會感神」則「神超理得」，實即「得意忘象」之旨。《世說・文學》76 又載：

> 郭景純詩云：「林無靜樹，川無停流。」阮孚云：「泓崢蕭瑟，實不
> 可言。每讀此文，輒覺神超形越。」〔註 21〕

對山川景物的欣賞，亦試諸「神會」，即「以玄對山水」；〔註 22〕又如當時流行的任誕放達之行，也不能以常理視之，須觀其行為背後的意旨，他們土木形骸，悠悠忽忽，表面是醜，而當時卻視為無比的高雅，以其脫略禮教之束縛，回歸自由之真我，這種社會價值觀的大轉變，都可從「得意忘言」去理解。其若尋名按常，則言其「癡」，言其「愚」，而實為「智」、為「黠」，此「自晦」愈見其「反經合道」之機趣。

而《世說》所錄當時之談話，亦非以治國平天下、立身行道之論為貴，而是以開滌神情，充滿機智，甚至是話中有話者取勝。追溯此風氣之漫衍，亦是魏晉士人「重意貴玄」之必然結果。在他們靈光乍現、機鋒時出的清談中，更蘊含豐富的情味。若說這些清言無用，當然不能像儒家格言般可以用來修身治國，但此無用之言，卻非空泛無聊，因為它是由機敏、幽默、情愛所綴集而成的，正因為他不落實，更能發揮語言的功能。魏晉名士於言常不落形跡，所謂

〔註 18〕如《世說・雅量》32 注引〈安和尚傳〉載道安「神性聰敏，貌至陋。」《箋疏》頁 372。

〔註 19〕見牟宗三《才性與玄理》，頁 44。

〔註 20〕《世說・言語》61，《箋疏》頁 121。

〔註 21〕《世說・文學》76，《箋疏》頁 256、257。

〔註 22〕像顧愷之言畫「手揮五絃」易，畫「目送歸鴻」難，因目送蘊無盡之意於其中。

「正在有意與無意之間」，其「玄遠」就在此，故須超越而後能體會。

由言意之辨用於治學上，當時亦注重得意而不守章句，倡會通，趨簡易，喜橫發議論，裁奪原意以證己說，如向、郭之「隱解」《莊子》即是。其思想大旨每從「時論」中超詣而出，卓然成為「名理」、「名論」，激活了莊義。其佚出原典，甚具別理別裁，此生新之玄解，即是創解。其攝儒義以解《莊》，可稱為郭象莊學的特色。在其破舊義立新義中，使莊生不死矣！「魏晉義」即在自覺的誤讀中浮現出來。

《世說‧輕詆》24 注引〈支遁傳〉：

> 遁每標舉會宗，而不留心象喻，解釋章句，或有所漏，文字之徒，多以為疑。謝安石聞而善之曰：「此九方皋之相馬也，略其玄黃，而取其儁逸。」〔註23〕

魏晉學術之精神即擺脫格局成套，突出形相之羈絆，求象外之神，其所表現的消解精神，是魏晉學風崇尚「空靈」特色之所由建立。故「言意之辨」不但提供玄學脫出經學之窠臼，其所導致的結果，不止於邏輯思辯上，更重要的是賦予一新的哲學眼光。他們不能容忍規行矩步，故諷刺束身修行，「行欲為目前檢，言欲為無窮則」的迂腐，痛恨慊慊如槁木之輩，而嚮往虎虎有生氣者。其如模擬人之言行，每被譏為逐形骸之外，反離其真性。〔註24〕

玄學既以會通大義，故得自由思考，以是奇義蠭生，百家復起。如魏武之擧申商、該韓白，諸葛亮為後主寫《申》、《韓》、《管子》、《六韜》，爰俞操《公孫龍》之辭，鍾會之論才性四本，任嘏之尚刑名，袁準之論才性，管輅之精象占等方伎數術，裴秀的地圖學，嵇康之標「聲無哀樂」，劉徽注《九章》、精數學，劉陶之善縱橫，阮裕解「白馬論」，樂廣析「旨不至」之理，王衍好論縱橫之術，袁悅研精《戰國策》，司馬道子讀《惠子》，沈充好兵書，郭璞妙於陰陽算曆，劉黃老注《慎子》，李充好刑名，魯勝注《墨辯》，作《形名》二篇，葛洪之擅仙道，鮑敬言之標「無君」，皇甫謐之主「裸葬」，成公綏則精研「嘯」。其他如黃老道及天文之有渾天、鈞天、昕天、穹天等論，視域大為拓延，學術自高文典冊中解放，思想豁然開通，紛紛作「子書」，〔註25〕思想極其蓬勃。

〔註23〕《世說‧輕詆》24 注引〈支遁傳〉，《箋疏》頁 843。

〔註24〕《世說‧德行》12 載：「王朗每以識度推華歆。歆蜡日，嘗集子姪燕飲，王亦學之。有人向張華說此事，張曰：『王之學華，皆是形骸之外，去之所以更遠。』」《箋疏》頁 13。

〔註25〕《全晉文》載：「陸平原作子書未成，吾門生有在陸君軍中，常在左右，說陸君

　　除爲學的新眼光外，當時人物能夠跳出傳統束縛，以展示自己的才思，也率性的表露自己的情感，他們從現實中掙脫出，以尋求理想；從有限中突破，以求永恆；從形拘中超越，以求神韻，而在言意之相即不離中，又會通了學術文化之歧異，進而促成了學術之新變，從當時許多「違眾」之言行及「出位之思」，〔註26〕皆可視爲「言意之辨」的衍伸，其運用十分廣闊。故可言魏晉時代的玄遠精神，即繫乎「言意之辨」上。

第五節　天人際合

　　「天人關係」一直是中國哲學中之核心問題。

　　天人之理，在魏晉其實就是自然與名教的問題。在這之前，儒家講天人合德，求道德自我提昇擴展，高明配天，博厚配地；而漢代董仲舒所建立的天人感應系統，爲天子受命於天，天下受命於天子，天爲主，人在天神權威下，敬畏之以求順應，人君治人，取象於天（即法天），王者承天意以從事，政制象天，求與陰陽五行相應，因其得失以示妖祥。

　　其天人關係乃爲「降命」與「受命」，此以天爲高高在上，「人」乃屈從于「天」者。《春秋繁露‧基義篇》云：「王道之三綱可求于天」，此皆重「天」而輕「人」，以天爲人事之主宰，爲有意志者。以「天者，萬物之祖，萬物非天不生」（《春秋繁露‧順命篇》），于時普遍的以「天」居高理下，爲人經緯，而「帝」於天下。

　　當時講《易經》亦充滿迷信色彩，如大衍之數五十，其用四十九，有一未用，京房解之曰：「五十者，謂十日、十二辰、二十八宿也，凡五十。其一不用者，天之生，將欲以虛來實，故用四十九焉。」（孔穎達《周易正義》引）；此將「四十九」看爲十二辰、日、月等天象，而「一」則認爲是元氣的渾淪，或指北極星。而馬融則以「一」爲太極、北辰，同時，又將「氣」納入宇宙生成的體系中，大講特講「氣」的神祕性，如《易緯‧乾鑿度》言：「太易者，

臨亡曰：『窮通時也，遭遇命也。古人貴立言以爲不朽，吾所作子書未成，以此爲恨耳。』」又《抱朴子‧尚博》載：「漢魏以來，群言彌繁，雖義深於玄淵，辭贍於波濤，施之可以臻徵祥於天上，發嘉瑞於后土。」《抱朴子‧自敘》：「洪年二十餘，乃計作細碎小文，妨棄功日，未若立一家之言，乃草創子書。」
〔註26〕嵇康〈答向子期難養生論〉言：「馳騁于世教之內，爭巧于榮辱之間。以多同自減，思不出位。使奇事絕于所見，妙理斷于常論。」

未見氣也；太初者，氣之始也。太始者，形之始也。太素者，質之始也。」甚至跟鬼神連在一起講，說萬物由鬼神之氣產生，氣足以「定萬物」；而人死魂氣歸天，爲神……虛言謔語，層出不層，這是將人與自然的關係歪曲爲人與神的關係之結果。

而玄學清新易簡，其「天人新義」是將天人關係建立在「自然」的基礎上，否定天的神靈性、主宰性，減少「人」對「天」的依待性，提高人之尊嚴與地位。加強人類之自主意識，促進了思想的發展。

在以道家思想爲主流的時代，玄學家特別強調「道」的地位，如王弼《老子・三十八章》注言：「夫大之極也，其唯道乎！自此已往，豈足尊哉？」以「道」爲一切政治、人事的本體與依據，這是重「道」而不重「天」。

他們又以「自然」釋「道」，如王弼言：「天地任自然，無爲無造」（《老子・第五章》注），又言：「萬物以自然爲性，故可因而不可爲也，可通而不可執也。」（《老子・二十九章》注），萬物當順從「自然」，名教亦應「因物自然」，君主祇要無爲，則可上順宇宙本根，下順百姓自然之性。既以天道爲自然，一切名教施爲以不悖自然爲上，則人事與天道「際合」矣！故《世說・文學篇》7 載：何平叔注《老子》始成，詣王輔嗣。見王注精奇，乃神伏曰：「若斯人，可與論天人之際矣！」（《箋疏》頁 198）玄學既以「自然」爲本體，自然者，即合乎人之本性，王弼言：「道不違自然，乃得其性……自然者，無稱之言，窮極之辭也。」（《老子・二十五章》注），又言：「神不害自然也。物守自然，則神無所加，神無所加，則不知神之爲神也」（《老子・六十章》注），此皆貶低天神之力量與作用，而強調萬物因自然之性而爲。

至竹林時代的阮籍，其〈達莊論〉云：「天地生於自然，萬物生於天地。」又云：「人生天地之中，體自然之形」；「自然一體，則萬物經其常」；〈通老論〉中也說：「聖人明于天人之理，達于自然之分，通于治化之體，審于大愼之訓，故君臣垂拱，完太素之朴，百姓熙怡，保性命之和。」此言「天人之理」，即自然與名教的結合。而嵇康的政治觀主張「崇簡易之教，御無爲之治」（〈聲無哀樂論〉），以爲如此則可達到天人交泰的境界。即裴頠亦跳開生成論不講，而以「總混群本」爲「宗極之道」，他認爲一切須順應自然之規律，此〈崇有論〉中所言的「以順感爲務」也。

至郭象注《莊》，發揮自然思想，〈逍遙遊注〉云：「大地以萬物爲體，而萬物必以自然爲正。」又：「天地者，萬物之總名也。」他否定「無」或「有」，

能生萬物，而以萬有自有，自然而生，不知所以然而生生化化。又言：「知天人之所為者，皆自然也。」（〈大宗師注〉）此以「自然」釋「天」。然後又強調人之地位，〈大宗師注〉云：「人之生也，形雖七尺，而五常必具，故雖區區之身，乃舉天地以奉之。」此為道地的「天人新義」。郭象又於〈莊子注序〉中言：

> 夫莊子者，可謂知本矣，故未始藏其狂言，言雖無會而獨應者也。夫
> 應而非會，則雖當無用；言非物事，則雖高不行。〔註27〕

郭象認為若《莊子》祇高談乎方外，是「知天不知人」，未體自然與名教之合一。玄學講天人之際，善用體用、本末、有無等概念來說明，能將《莊子》落在生命層次上所講的「自然」，以及富有境界意味之「天道自然」，化為抽象之「本體」，這本體就是「無」。

故以「自然」來說明天人關係是魏晉玄學之特色，玄學不講天人感應，不談陰陽災異，它賦予天人關係以新的涵義，而擺脫有漢對「天」的附會，促使人以客觀、理性的態度觀察自然、社會及一切人事。

同時，魏晉玄學極重抽象思辨，平時談座上之據理駁難，更相覆疏，在著作中，每亦自設主賓，以往來問難的形式來暢發自己的新解，〔註28〕「理」才是他們追求的目標。於是揚棄了兩漢經學之荒誕、迂拘、繁瑣、臆說、支離、僵化之弊陋，展現出清新空靈、風流灑脫、達觀任性之逸態。這時，他們從滯重的「神學」體系中解放出來，以一種清醒的理性態度來思考現實問題，他們企圖提出一種可以「維持長治久安」的治道。

魏晉「天人新義」是透過「自然與名教」之關係以論證者，因肯定天道之「自然」性，顯然是重「人」而輕「天」。玄學家積極的尋找一理想的治道，合乎自然的統治，從而他們也辛辣的抨擊虛偽名教，他們從道家自然無為觀，反對違反自然人性之禮律，如嵇康認為禮教之于人，是「造立仁義以嬰其心，制為名分以檢其外」（〈難自然好學論〉），此乃「不自然」，因為「六經以抑引為主，人性以縱欲為歡，抑引則違其願，縱欲則得自然」（〈難自然好學論〉），唯有任其自然，才合乎人性，這都表示當時發現人的價值，注重個我，故不願再受約束，所以士人多任縱不羈、放情肆志。至郭象之強調「自然」與「名

〔註27〕〔清〕郭慶藩《莊子集釋》（台北：華正書局，1982年），頁27。
〔註28〕如嵇康〈聲無哀樂論〉、〈明膽論〉，江統〈徙戎論〉及東晉公謙、明謙、辨謙等議題。

教」之「冥合」，在「任而不助」的情況下，「本末內外，暢然俱得，泯然無跡」（〈齊物論注〉），此乃「天人際合」之完成，而玄學此時乃推展至最圓熟的地步。由上可知，玄學乃與時代精神緊緊配合的哲學。

第六節　玄學家如何溝通儒道——儒道「將毋同」

　　玄學之主題，在溝通儒道。因有漢以來，儒家之變質，漸失去壟斷學術、指導人生的力量，於是道家思想乃乘隙而張大自己的影響力，並暗中附會儒經，取得「儒道合流」之勢，將儒家之「道」與道家之「道」在概念中結合起來，他們表面推尊孔子，實際上是將老子提昇到孔子齊等的地位，以儒道共通，而又因其貴「無」的關係，以「無」為本，「有」為末，無形中以道本儒末矣。玄學家們或以道釋儒，如何晏、王弼等；有以儒詮道，如裴頠即是，有的則講「名教即自然」，宣揚「內聖」與「外王」之統一，如郭象。故溝通儒道乃是玄學的核心，也是玄學的特徵。而「有」、「無」的對諍，常亦是儒道兩家思想的一些對立方面之哲學概括。

一、經學玄學化

　　清人陳澧《東塾讀書記》云：「何《注》始有玄虛之語，如子曰：『志於道』，注云：『道不可體，故志之而已。』『回也其庶乎屢空』，注云：『一曰，空猶虛中也。』自是以後，玄談競起……。」蓋自正始年間，何晏首開清談風氣，內容以《老》、《莊》、《易》為主，而大暢玄風，他們也談儒經，也講聖人，但何為「理想之聖人」？此時已變質矣！他們稱「聖人體無」；「聖人無喜怒哀樂」、「聖人有情而無累於情」；「大人即聖人，與天地合其德，畏聖人之言，深遠不可易知測」〔註29〕……對於《論語》中之義理，也因玄風影響下，漸染玄虛，而雜以老莊思想。《世說・文學》10注引《文章敘錄》云：「自儒者論以老子非聖人，絕禮棄學。晏說與聖人同，著論行於世也。」將老子說成與聖人同，則孔、老并肩矣，儒道可通矣，於是老子之說遂泛染於儒經矣，在此方面，何晏又是開風氣之先者，從其注解《論語》可窺一斑：

〔註29〕　《論語・季氏》「君子有三畏：畏天命，畏大人，畏聖人之言」何晏注：「順吉逆凶，天之命也，大人聖聖人，與天地合其德，深遠不可易知測，聖人之言也。」王弼也說：「聖人體無，無又不可以訓，故不說也。」

　　（一）《論語・雍也》：「孔子對曰：有顏回者好學，不遷怒，不貳過。」

　　何晏注：「凡人任情，喜怒違理；顏淵任道，怒不過分。」

按：此以顏淵任「自然」也。

　　（二）〈公冶長〉：「……夫子之言性與天道，不可得而聞也。」

　　何晏注云：「天道者，元亨日新之道也，深微，故不可得而聞也。」

按：此以道爲深微不可測，不可得而聞，是老子之道微妙玄通、深不可識也。其於〈季氏〉「畏聖人之言」注即以聖人「與天地合其德，深遠不可易知測」，則以玄意加於儒聖者

　　（三）〈述而〉：「志於道」。

　　何晏注：「志，慕也，道不可體，故志之而已。」

按：王弼釋「志於道」亦云：「道者，無之稱也，無不通也，無不由也。況之曰道，寂然無體，不可爲象。是道不可體，故但志慕而已」（王弼《論語釋疑》）此本《老子》：「道常無爲而無不爲，侯王若能守之，萬物將自化。」按儒家之「道」乃可實踐、可修養達至者，非形上之道。

　　（四）〈子罕〉「瞻之在前，忽焉在後」。

　　何晏注曰：「言忽悅不可爲形象也。」

按：此本《老子・二十一章》：「道之爲物，惟恍惟惚」。

　　（五）〈子罕〉：「子絕四：毋意，毋必，毋固，毋我」。

　　何晏注曰：「以道爲度，故不任意……（毋我）述古而不自作，處群萃而不自異，雖道是從，故不有其身也。」

按：「唯道是從」本《老子・二十一章》：「孔德之容，惟道是從。」「不自有其身」，本《老子》「外其身而身存」、「不自是、自伐、自矜」及「吾所以有大患者，爲吾有身，及吾無身，吾有何患」之意。

　　（六）〈雍也〉：「仁者樂山」。

　　何晏注云：「仁者樂如山之安固，自然不動而萬物生焉。」

按：此以靜制動之理。即《老子・第二章》：「是以聖人處無爲之事，行不言之教，萬物作焉而不辭，生而不有，爲而不恃，功成而弗居」之意。何晏又釋〈爲政〉之「爲政以德，譬如北辰，居其所而眾星共之」爲「德者無爲，猶北辰之不移」，此以「無爲」釋「德」，實非原典之意。

　　（七）〈先進〉：「回也，其庶乎屢空」。此從物質之匱乏一轉爲體道淡泊之樂。

何晏注云：「一曰『屢猶每也，空猶虛中也……』」

按：此同時列出他人說法，以「虛中」釋空，即《老子‧第四章》：「道沖而用之或不盈。」爲致虛守靜、唯道集虛之意。

此皆語涉玄虛者，本來孔子之道，平實易行，皆人倫日用之間的道理，何有玄深不可測知之意在？何晏集解《論語》，時有要妙，頗能於舊義外，尋釋新理，這種態度，即見於其對於「溫故而知新」的理解上，他注此句云：「溫，尋也，尋繹故者，又知新者，可以爲師矣」，按孔學本義是知古則知今，於所學所習融貫之，自可以一推十，以古知今，現在何晏將知分爲二，既溫故、又知新，這樣爲孔、老騎驛通懷，使儒經深染玄義，在「無」之本體上，二家調和統一矣，而何晏正是敲響「儒道互補」之先聲，亦是突破儒學傳統之信號。此迎合時代文化語境的當下視域，在詮釋過程中，啓動了扭轉原初義之機制，達到了既破壞又創新的效果。

二、聖人體無，老子不免於有

聖人的定位於儒爲德行之極至；於道則爲體道者。由此理想人格內涵之界定，可判學術之分際，而玄學家每故意混亂之。據何劭〈王弼傳〉云：

> （裴徽）問（王）弼曰：「夫無者誠萬物之所資也，然聖人莫肯致言，而老子申之無已者何？」弼曰：「聖人體無，無又不可以訓，故不說也。老子是有者也，故恒言無所不足。」〔註30〕

此以孔子才是眞正體會「無」者，而「無」（本體）不能以言語說明，故不說「無」而說「有」（末、用），所以本末爲一。而《老子》將「無」當成認識對象，故常說那不能說的「無」，這實際已把「無」看成「有」，視本末爲二，不能將有、無融合爲一，不知本體就在事物自身之中，如《老子‧第三章》：「不尚賢，使民不爭，不貴難得之貨，使民不爲盜，不見可欲，使民心不亂。是以聖人之治，虛其心，實其腹，弱其志，強其骨，常使民無知無欲，使夫知者不敢爲，爲無爲，則無不治」，此皆有爲；而孔子《論語‧公冶長》言：「老者安之，朋友信之，少者懷之」實「體無」之言也。

王弼「聖人體無用有」之論，說明了有無相成，也就是自然與名教並不矛盾。同時，以聖人「體無」，這是變異孔子面貌的開始，表面是以孔子爲高，

〔註30〕《三國志‧魏志‧王弼傳》裴松之注引，頁795。

而實際上是孔子老子化了。那麼，儒道還有什麼不合的呢？《三國志·鍾會傳》謂「弼好論儒道」，其注《易》、《老》、《論語》，知爲兼綜儒道者。陳澧《東塾讀書記》十六云：「輔嗣談老、莊，而以聖人加於老、莊之上。然其所言聖人體無，則仍是老、莊之學也」〔註31〕王弼以「無」作爲統攝儒、道二家思想的超越性節點，此「無」非《老》、《莊》之「無」，而是玄學之「無」，故言「以無爲本」。

三、何晏、王弼「聖人有無喜怒哀樂」辨

按《三國志·王弼傳》裴松之注引何劭〈王弼傳〉云：

> 何晏以爲聖人無喜怒哀樂，其論甚精，鍾會等述之。弼與不同，以爲聖人茂於人者神明也，同於人者，五情也。神明茂，故能體沖和以通無，五情同，故不能無哀樂以應物，然則聖人之情，應物而無累於物者也。今以其無累，便謂不復應物，失之多矣！（頁795）

王弼以「聖人」與「常人」有相同的「五情」（末），卻有超於常人的「神明」（本），故能「體沖和以通無」、「應物而無累於物」。聖人有應世之跡，但又能超越跡象，不爲形跡所累，這爲郭象「無心順有」、「離人者合群」之說，舖好了道路。那麼「名教」與「自然」本來並不是對立的，而是合一的。在這裡，王弼用道家思想補充和改造了儒家思想，爲儒家思想開創了新局面。

何劭〈王弼傳〉又載：

> 弼注《易》，潁川人荀融難弼《大衍義》。弼答其意，白書以戲之曰：「夫明足以尋極幽微，而不能去自然之性。顏子之量，孔父之所預在，然遇之不能無樂，喪之不能無哀。又常狹斯人，以爲未能以情從理者也，而今乃知自然之不可革。足下之量，雖已定乎胸懷之內，然而隔踰旬朔，何其相思之多乎？故知尼父之于顏子，可以無大過矣。」（頁795）

孔子遇顏回「不能無樂」，顏回死「不能無哀」，知哀樂之「情」，乃自然之「性」，聖人亦不能免，以「自然之不可革」，其勝於常人者，唯能「以情從理」也。此亦是情理不虧，體用如一也。在這裡王弼已貫徹體（性）用（情）不離之說。〔註32〕於是有儒道「將毋同」之論，《世說·文學》18載：

〔註31〕《世說新語·文學8》《箋疏》199頁引。
〔註32〕林麗眞先生《魏晉清談主題之研究》中言聖人「體沖和以通無」、「有喜怒哀

阮宣子有令聞，太尉王夷甫見而問曰：「老、莊與聖教同異？」對
曰：「將無同！」太尉善其言，辟之爲掾。世謂「三語掾」。（《箋
疏》頁 207）

今《晉書‧阮瞻傳》作：「（瞻）見司徒王戎，或問曰：「聖人貴名教，老莊明
自然，其旨同異？」瞻曰：「將無同！」此則人物與上則有別，前爲阮脩，後
爲阮瞻，內容則全同，而此則更云聖人貴「名教」，老莊明「自然」，則「名
教」與「自然」無不同。於是裴頠〈崇有論〉言：

老子既著五千之文，表摭穢雜之弊，甄舉靜一之義，有以令人釋然
自夷，合於《易》之〈損〉、〈謙〉、〈艮〉、〈節〉之旨。

說《老子》之「無」本在全「有」，二家根本沒有衝突，且互相輔成。其後郭
象《莊子注》即云：「聖人常游外以冥內也」，其注序言莊子之書爲「明內聖
外王」之道，則儒道一矣。

至於儒道合之表現於言行，若恰到好處，則可使其在亂世中，避禍遠害，
亦可顯其高雅情趣，凡能調和儒道之「冥」處，即是「玄」，「玄」則足以立
身立言。反之，則徬徨於入世與出世之途，患得患失，十分痛苦，甚至生命
不保。此說爲黃錦鋐先生所闡發，其〈論魏晉詩歌風格的思想性〉一文中云：

在正始時能夠調和儒、道思想，使人生與自然、入世與出世融合無
間，要推阮籍了。……他是竹林七賢的領袖，……是一個儒、道雙
修的人物，但却能使其調和，不發生衝突，因此得以善終，他不想
在司馬氏的政權下爲官，但有時却自己要求官做，使出仕與歸隱融
合無間。……說他不願出仕，他又自求爲官，說他入世出仕，他又
旬月而還。把出仕與歸隱結合在一起，套一句成語，可以說是「無
跡可尋」。〔註33〕

黃錦鋐先生又舉阮籍之言行以證這種「令人不知其所以然」者，正可避禍遠
害，而在詩歌中，亦表現爲「難以情測」（《文選》李善注評其〈詠懷詩〉），「興
寄無端」，您怎麼說他都是，但又都不是，這種極高明的手法，至少可以不得
罪而免禍。凡儒道調和無間，恰到好處即是「玄」，「玄遠」，不置「可」「否」

樂以應物」之論是「一方面想在儒家思想上賦予形而上的『無』的概念，以
拉近於玄理的範圍中，一方面又想把儒家的「情」發揮，以補充道家形下世
界的處理」。此說尚稱允愜。

〔註33〕黃錦鋐《晚學齋文集》（台北：東大圖書股份有限公司，1994 年），頁 301、
302。

（鍾會常問阮籍一些敏感問題，欲其置「可」「否」，而陷之於罪，而阮籍知其用意，言皆玄遠，不落人把柄），其形之文學，格自高；應之於世，亦必能達觀放逸。此如陶淵明，《朱子語類》云：

> 晉宋間人物，雖曰尚清高，然個個要官職，這邊一面清談，那邊一面招權納貨。淵明真個是能不要，此所以高於晉宋人也。〔註34〕

觀其〈飲酒詩〉即就自然山水的實景中，妙悟宇宙的奧義，其心靈也在「縱浪大化中」，與天地精神合一。此如莊子以「心齋坐忘」形容心凝神釋的境界，陶淵明妙得自然，是調和儒道至最高的境界，故文格沖淡，其人生亦能曠而且真。

第七節　玄學之分派、分期與架構

學術之分流分派，乃為研究之方便，因為對於玄學內涵的把握不一，故於分別流派時，因標準不同，而分法各異，然具見其真知特識。

首先對玄學加以分派的是《魏志・荀彧傳》注附〈荀粲傳〉云：

> 太和初，（粲）到京邑與傅嘏談。嘏善「名理」，而粲尚「玄遠」，宗致雖同，倉卒時或有格而不相得意。裴徽通彼我之懷，為二家騎驛，頃之，粲與嘏善。（頁 319）

世乃以「玄遠」為專指善談老、莊道家思想者而言，如何晏、王弼好老、莊玄勝之言，王衍妙善玄言，雖談老、莊為事；郭象能言老、莊；殷浩善易、老，能清言；殷仲堪精覈玄論；謝安「善談玄遠；謝朗善言玄理等，將談三玄者歸「玄論」派。而以探究名實關係，屬于刑名一系，為與玄論對立的為「名理」派。如鍾會精練名理，他如盧毓、劉邵、傅玄及裴頠以循名核實為特色者即屬「名理派」，是與玄論家論辯的對手，為反對玄學，故不應入「玄學」之流。此嚴分「玄論」與「名理」，未免過激，且有錯解，此於下篇「清談」一章中論之。

後之論者，多本〈荀粲傳〉之說，分玄學為「名理」與「玄論」兩派，如劉大杰《魏晉思想論》、劉永濟《文學史綱要》即是。而范壽康《中國哲學史綱要》，亦分名理與玄遠二派，但他又在玄遠派裡區分專向理論與注重實踐之二種，歸結為名理、玄論與曠達三派，以傅嘏、鍾會為名理派之代表；何晏、王弼為玄論派代表；阮籍、嵇康為曠達派代表。林景伊先生《中國學術

〔註34〕〔宋〕黎靖德編、王星賢點校《朱子語類・論語・述而》（北京：中華書局，1994 年），頁 874。

思想大綱》亦與此不異，分名理、玄論、曠達三派。日人青木正兒論清談，亦分玄學爲名理，析玄與曠達三派。馮友蘭視玄學爲「新道家」，又分爲主理派與主情派，後歸本爲貴無與崇有兩派。〔註35〕

其實，曠達屬行爲，當屬之玄風。玄學亦不等於清談，清談指口辯之才能，玄學則爲談論的內容，清談與玄學有關，但不相等。今從事玄學的研究，先應區別學說與行爲，再融攝玄學名理與風流曠達爲體用關係。這樣世所指責的「清談亡國」之說，才不致於「無的放矢」，也就是亡國之責，當由頹放任縱者來負起，至於學術性之研辨，思理的刮垢磨光，則但見其功，何得詬斥？當然，推論曠達任誕之風之所由起，可以上溯到頹廢者對何晏、王弼「貴無」論的錯解，以爲其所尙之「無」爲「虛無」、「空無」，一「無」而「無所不無」，並因風鼓播，以放濁爲通，虛薄爲辨，是以「貴無」論著亦難逃其咎。〔註36〕

至於有以政治立場判玄學派別，〔註37〕以親曹派如何晏、夏侯玄爲「玄論」派；以親司馬者如傅嘏、鍾會爲「名理」派，此說並不可靠。按傅嘏極器重王弼，〈鍾會傳〉言王弼少爲傅嘏所知，又衛瓘亦「甚爲傅嘏所重」（〈衛瓘傳〉），同時，傅嘏與鍾會皆主「言不盡意」（《藝文類聚》十九）；而鍾會每服王弼之高致，時與王弼討論《易》、《老》。（〈荀彧傳〉注引〈荀氏家傳〉），又闡述何晏之玄論，〈鍾會傳〉注云：「何晏以爲聖人無喜怒哀樂，其論甚精，鍾會等述之。」可見傅嘏、鍾會亦親近玄學。故以政治立場分名理與玄論，是沒有根據的！

另外，還有以持說的新舊分守舊派、調和與改進派者，其意以守舊派多本儒學立場，專與老莊之徒相駁辯，如伏義、傅玄、裴頠、嵇含、陳頵、孫盛、王坦之、戴逵等；調和派以調和儒道爲宗旨，如王昶、樂廣、李充、孫綽；改進派又分爲二，一則銳意事功，禁絕玄談，如劉琨、陶侃、卞壺、庾翼等；一則爲國宣勞，不廢清言，如王導、庾亮、桓溫、殷浩、謝安之流等，此說爲孫德宣〈魏晉士風與老莊思想之演變〉一文中所揭。

馮友蘭在《中國哲學簡史》中則分「主情派」與「主理派」，以阮籍、嵇康爲主情派代表；王弼、郭象爲主理派重鎮。還有按魏晉士大夫的生活分爲

〔註35〕馮友蘭《中國哲學史新編》第四冊言正始與竹林乃相互補充，正始何、王乃在自然觀上講貴無，嵇、阮是在社會思想方面講貴無，貴無表現在對于名教的批判。

〔註36〕此東晉有識之士檢討西晉之亡，都指責「貴無」之遺害無窮。

〔註37〕如唐長孺氏〈魏晉玄學之形成及其發展〉，收錄於《魏晉南北朝史論叢》（台北：帛書出版社，1985年）。

清談派、飲酒派與服藥派；〔註38〕又有依人生觀分爲：

（一）無爲論：何晏、王弼

（二）寡欲論：嵇康

（三）縱欲論：阮籍、八達

（四）樂生論：列子

（五）安命論：郭象

故分派之異每緣角度之不同而儘有其異，然此乃不以時之先後爲主，爲統貫魏晉玄理玄風而歸類者。又有指魏正始、晉之元康爲清玄；東晉爲生活玄。

梁任公論《中國學術思想變遷大勢》〔註39〕一書中分兩漢至中古之學術爲四派：

（一）玄學派：何晏、王弼、向秀、郭象爲正派。

（二）占驗派：費長房、于吉、管輅、左慈。 ┐

（三）丹鼎派：魏伯陽、葛洪。 ├ 別派

（四）符籙派：張道陵、寇謙之、陶宏景。 ┘

梁任公先生分派的特色是重視一般人所忽視的道教學說。而在不同的分門分派中推湯用彤氏在〈魏晉玄學流別略論〉〔註40〕中所分最精，他說：

魏晉僧俗之著述，其最重要之派別有四：

其一：爲王輔嗣之學，釋氏則有所謂本無義。

其二：爲向秀、郭象之學，在釋氏則有支道林之即色義。

其三：爲心無義。

其四：爲僧肇之不眞空義。

此爲唯一強調佛學，溝通玄釋以爲說者。也是唯一超越時代先後，純粹就魏晉玄學之內涵加以分派者。湯氏將般若學納入玄學，而隱然以僧肇爲玄學殿軍，其於照察魏晉之學術思想，可謂獨具隻眼，後之研究玄學者，實多依傍其說。本文之體系，即受其啓導者。

至於分期方面，首先對玄學加以分期者爲袁宏，他雖非以學術之進展爲準，但已有分期的概念。《世說・文學94》「袁彥伯作名士傳成」條注云：

〔註38〕吳天任〈魏晉士大夫的生活藝術〉，刊《大陸雜誌》四十二卷6期。（1971年3月），頁25～29。

〔註39〕梁啓超《中國學術思想變遷大勢》（台北：中華書局，1956年）。

〔註40〕見湯用彤《魏晉玄學論稿》（台北：盧山出版社，1972年）頁51～63。

> 宏以夏侯太初，何平叔、王輔嗣爲正始名士，阮嗣宗、嵇叔夜、山
> 巨源、向子期、劉伯倫、阮仲容、王濬冲爲竹林名士，裴叔則、樂
> 彥輔、王夷甫、庾子嵩、王安期、阮千里、衛叔寶、謝幼輿爲中期
> 名士。（《箋疏》頁 272）

袁宏以「名士」代思想，而分爲正始、竹林與中期（元康）三期。戴逵〈放
達非道論〉亦有「竹林之爲放，有疾而爲顰者也，元康之爲放，無德而折巾
者也」；〈竹林七賢論〉云：「竹林諸賢之風雖高，而禮教尚峻，迨元康中，遂
至放蕩越禮」，此已區別「竹林」時與「元康」時之放達有所不同，足證當時
已有分期的看法。

　　其後論者，大多沿承此說，或稍異耳，如繆鉞在〈清談與魏晉政治〉一
文中云：

> 魏晉清談之演變，可分四期，魏正始爲第一期，魏晉間爲第二期，
> 西晉爲第三期，東晉爲第四期。〔註41〕

蔣祖怡在〈魏晉南北朝玄學與《文心雕龍》〉一文中按其發展分下列階段：

（一）正始時期
（二）永康時期
（三）永嘉時期
（四）東晉時期〔註42〕

上以正始、永康、永嘉時期爲玄學最盛期，東晉則爲以佛談玄、佛玄合流。

　　馮友蘭則以〈漢魏學術之變遷〉凡五：

（一）太和名士：禰衡。
（二）劉邵人物志：才性名理。
（三）正始名士：何、王。
（四）永嘉、元康間：向郭之調和有、無。放達之「八達」。
（五）東晉：佛般若盛行。道安、慧遠、支遁、竺法深、竺道生。

馮氏兼顧時間先後與思想內容，且上溯漢魏之交，使玄學之源朗然，是可取
者。〔註43〕而湯用彤氏在〈魏晉思想的發展〉則分爲：

〔註41〕收錄於《冰繭盦叢稿》（上海：上海古籍出版社，1985 年）。
〔註42〕收錄於《文心雕龍論叢》（上海：上海古籍出版社，1985 年）頁 44～52。
〔註43〕日人松本雅明在〈魏晉における無の思想の性格〉《私學雜誌》51 卷 4 期（1940
　　　年），頁 503～530。一文中分爲荀粲、王弼、嵇康、郭象及佛徒之說，與馮氏
　　　略近。

（一）正始時期：以周易、老子爲根據，以何晏、王弼爲代表。

（二）元康時期：受莊子學影響，激烈派思想流行。

（三）永嘉時期：新莊學，以向秀、郭象爲代表。

（四）東晉時期：佛學時期。〔註44〕

此於學術主流的把握極精準。確然玄學到東晉已無甚發展，而或與佛教合流，逐步成爲佛學的附庸，或走向神仙道教之路了。

錢穆先生於〈記魏晉玄學三宗〉云：

> 魏晉之際，玄學再興，言其派別，大率可分三宗。一曰王、何，二曰阮、嵇，三曰向、郭。之六家者，世期相接，談議相聞，而其思想遞嬗轉變之迹，乃如陂陀之委迤，走於原隰，循勢所趨，每降愈下。

意以向郭以下，玄學未有開拓，已不足以靨切人心，故玄學不得不讓位於佛學矣。〔註45〕

湯用彤之學生任繼愈，於〈魏晉清談的實質和影響〉一文中亦分何、王、嵇、阮與向、郭三期，而分期實亦等於分派，隱然以思想爲區分之依據。任氏又於〈魏晉玄學中的社會政治思想略論〉中，於上面三期外，又先論及劉卲《人物志》，推爲玄學思想的萌芽。次論何晏、王弼之「無爲」；嵇康、阮籍之「名教」與「自然」對立；向秀、郭象之「名教即自然」，其立說皆從政治觀入手。特別注重玄學與政治之關係者，尚有陳寅恪，他極強調玄學與政治的內在關係，指出玄學一旦脫離政治，也就無玄學可言。陳氏的學生唐長孺即本其師說，在〈魏晉玄學之形成及其發展〉一文中注意到名教與自然的分合問題，從何、王之「名教本於自然」，經嵇阮之「越名教而任自然」，到裴頠、郭象之以「名教即自然」，玄學的發展已完成其任務。至東晉則僅是餘波盪漾，以下則爲佛教與名教之衝突、調適，結論爲佛學有助於名教，並可并行不悖，調和三教而以名教爲骨幹之思想一直到宋代理學才完成其系統。

方立天氏〈玄學的範圍、主題和分期〉亦從名教與自然之關係分玄學爲三期，一爲何、王之以「名教」本于「自然」，主張「貴無」論；二爲嵇、阮重自然，主張「越名教而任自然」，三裴頠、郭象重名教，主張「崇有」。〔註46〕方

〔註44〕收錄於《魏晉玄學論稿》（台北，盧山出版社，1972年）頁143。

〔註45〕此文作於民國34年，收錄於《莊老通辨》（台北：三民書局，1971年），頁319。

〔註46〕方立天以玄學家與當時政治的關係及由此而產生的玄學思想重點的變化爲根據，來劃分玄學的階段。〈玄學的範圍、主題和分期〉，收錄於氏著《中國哲學研究》（台北：新文豐出版公司，1992年），頁47～51。

氏又談到張湛，言其講生死，是玄學家向宗教家的過渡。至於佛學者僧肇，則取消有、無對立，宣揚出世主義，宣布玄學的終結。另有湯一介氏本其父湯用彤之而微異，他將玄學分四階段：

（一）正始：何晏、王弼。

（二）竹林七賢：嵇康、阮籍等。

（三）元康：裴頠、郭象。

（四）東晉：張湛。〔註47〕

此重視張湛之義理地位，而仍未將佛學納入玄學的範圍。另又有人分爲：

（一）何晏、王弼時期

（二）嵇、阮、竹林時期

（三）裴頠時期

（四）郭象時期

則止於西晉。而有人認爲竹林七賢構不成一獨立發展時期，故應把玄學發展看成是：

（一）正：何、王「貴無」。

（二）反：裴頠「崇有」。

（三）合：郭象「獨化」。

或從玄學自身發展論，則何王爲創始；嵇阮爲發展；郭象爲新變；張湛爲終結期。類同於此，如羅宏曾即分（一）玄學創立；（二）玄學發展（三）玄學革新（四）玄學終結等四階段。又有分奠基、展開、總結三階段；或分前期、後期、末期，皆屬此類，能見其形成，演變、消長、衰退。

也有逕分玄學爲兩個發展時期：

（一）正始、竹林爲魏玄學。

（二）裴頠、郭象爲晉玄學。

而亦有從學術史、立場分（一）經學玄學化──魏玄；（二）佛學玄學化──晉玄，亦有可採。而田文棠則以名理學、玄理學、佛理學爲魏晉三大思潮。

亦有特別重視玄學的研究重點，而分三個環節：

（一）何、王之老、易。

（二）嵇、阮之莊學摻入老易，完成三玄。

〔註47〕湯一介《郭象與魏晉玄學》（武漢：湖北人民出版社，1983年）。許抗生、余敦康亦類同此分法。

（三）向、郭的新莊學。

也就是從何晏、王弼之改造《老子》、《周易》、《論語》，調和儒道；經過嵇康、阮籍之改造，從弘揚老子到發揮莊子，提倡任性自然，逍遙放達；再經過向郭「儒道一」之角度，平復儒家，使莊子「隱義」不悖儒家，同是「內聖外王之道」。再往後則進入玄學佛學化的過程，以致於被佛學所代替。張海明〈從老玄到佛玄〉一文中即分老玄、莊玄、儒玄、佛玄四個階段。

那麼，嚴格說來，玄學的發展只有兩個階段，即何、王和向、郭，前者以《老》、《易》為中心，後者以《莊子》為主。本人則認為劉邵可稱為「先玄」；何、王、向、郭為「暢玄」；裴頠為「反玄」；孫登〔註48〕、支遁〔註49〕、僧肇〔註50〕為「重玄」。由才性之辨到有無之辨，到空有「不二」，以至成玄英而「重玄」乃圓成。

余英時先生於〈漢晉之際士之新自覺與新思潮〉一文中，則以魏晉儒學衰，士大夫於如何維繫社會大群體之統一與穩定不甚關切，其所縈懷者唯在士大夫階層及士大夫個體之社會存在問題，就此角度，魏晉思想之演變，實環繞士大夫之「群體自覺」與「個體自覺」而進行，對此不同問題之答案，則形成流派之根本原因所在。余氏於是以：正始之世，何、王為群體自覺與個體自覺未有罅隙之象徵。竹林名士如嵇、阮則重個體自由，輕群體秩序。而向、郭為群體綱紀無妨自我逍遙者，裴頠則是維護群體綱紀者。

小　結

總結前面所言，玄學可有下列幾個發展階段：

（一）劉邵、鍾會：才性論。（先玄）

（二）何晏、王弼：貴無論，主張名教當本自然。（老玄）

（三）嵇康、阮籍：提出「越名教而任自然」。（莊玄）

（四）裴頠：重名教，主張「崇有」。（反玄）

（五）郭象：提出「自生獨化論」，主張名教即自然。（莊玄）

（六）張湛：貴虛。（列、楊）

〔註48〕孫登「以重玄為宗」注釋《老子》。乃首先使用「雙遣」者。

〔註49〕支遁〈大小品對比要鈔序〉中有「夷三脫于重玄，齊萬物于空同。」透過重玄而可至乎「無心」之境。

〔註50〕僧肇〈涅槃無名論〉云：「況乎虛無之數，重玄之域，其道無涯。」超越「我執」為我、法、空的三重否定。

（七）六家七宗，尤其本無、即色、心無三宗。（般若玄）

（八）僧肇：「不眞空」義，有無雙遣。空有不二，即物順通。（中觀）
本論文乃擇取最具開創性的「貴無」、「崇有」、「獨化」與「空有不二」說加以論述，因爲從王弼而裴頠到郭象恰好成正、反、合之辯證發展，即崇有在乘「貴無」之隙，郭象則統一「貴無」與「崇有」，而僧肇則是總結玄學並批判般若學，以「中」解空，構成一圓熟的佛學體系。而因其「不眞空」論及批判般若心無、即色、本無三宗而來，故不能不連帶涉及此三宗，因爲此三宗實不離玄學的影子，本無與貴無，心無與崇有，即色與獨化論實有瓜葛，而最終則匯歸於僧肇的體系中。至於嵇康、阮籍等竹林名士，於形上本體方面，並無甚開拓，唯其一些文化藝術之論述，以及生命情態，還有詩文論上則有可欣賞者。然而本論文何以略張湛之思想？略張湛思想是否缺漏玄學發展之一環呢？按張湛思想以「至虛爲萬物之宗」、「不生不化爲生生化化之主」、「神惠以凝寂常全」爲其核心概念，而此形上思維有同於王弼之「體無」說。本文以「無」→「有」→「統有無」→「不二」爲玄學發展之軌跡。其簡述六家七宗不過爲僧肇「空有不二，眞俗不二」論舖墊耳。

緣本論文以玄學的核心問題爲「有無之辨」，由「有無」所拓展的相關命題，除採「辨名析理」的清談豎義、破理之特色外，亦在其鈎深取極，具「出位」之思，而由暢「玄」而慕「通」貴「達」，遂論「玄風」，「玄風」重「形神」之命義。以見當時士人言行舉止之受玄理影響。由玄理與玄風之結合，乃得一窺魏晉學風與世風之全貌也。

是故，本書所擬的玄學架構爲：

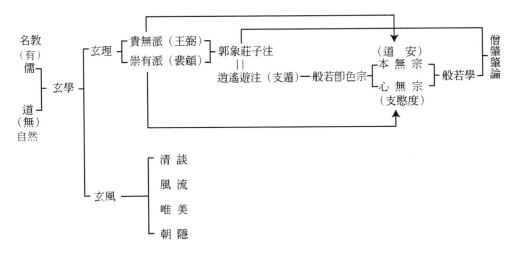

第二章　王弼之「貴無」思想

前　言

　　王弼以《老》解《易》，廓清有漢讖緯迷信、章句支離，自標「新學」，將「天」、「人」關係從「感應」一變爲「際合」關係，重新肯定「天」與「人」之自然本質，提高了人之地位。

　　王弼是魏晉玄學的奠基人，他站在何晏的基礎上而勝過何晏，因他有完整的本體論，更有支持其本體論的方法論，且能推展其說在政治人倫方面。他在《老子注》中，發揮老子「有生於無」的思想，提出「以無爲本」之說，認爲「有」是「無」發生之功用，天地萬物之本是「無」。其注解《易經》，每多假借《老子》之旨，又其《論語釋疑》亦可參證，其架構允稱縝密，少矛盾處，本文即深入其理路，而加以披露之，以做爲「貴無」、「崇有」之辨的張本。同時對其建構「貴無」體系的方法論——「得意忘言」論加以剖析，對其以「自然」釋「道」必然主張「自然無爲」之政治觀，亦以照察，俾得其思想之全體。

第一節　「貴無」論原始

　　由何晏首開之「正始玄風」，是奠基在《老子》之「道」論、「無」論的基礎上，爲了談「玄」之需要，於老子「玄之又玄」之「道」，有突破的發展，而不依倚前人門牆，此實大大的提高純粹理論思維之層次，而影響於當代及後世者。今就正始玄風之主題「本無」加以探析，按「貴無論」由何晏首先

闡說，又經其所賞識之後起之秀王弼之精微演繹，而風靡一時。按《晉書·王衍傳》云：

> 魏正始中，何晏、王弼等祖述老莊，立論以爲：「天地萬物皆以無爲本。無也者，開物成務，無往而不存者也。陰陽恃以化生，萬物恃以成形，賢者恃以成德，不肖恃以免身。故無之爲用，無爵而貴矣。」（頁 1236）

又《列子·天瑞》注引何晏〈道論〉云：

> 有之爲有，恃無以生。事而爲事，由無以成。夫道之而無語，名之而無名，視之而無形，聽之而無聲，則道之全焉，故能昭音響而出氣物，包形神而章光影，玄以之黑，素以之白，矩以之方，規以之圓，圓方得形而此無形，白黑得名而此無名也。

此處之「有」、「無」關係，並非生成之關係，而僅是「有」依待「無」而存在，有無相依待而顯。一切現象事物皆依賴於道（無），因「道」之存在，萬物才能形成變化，然也僅止於「恃」與「由」，而非「無生有」，這是就本質言，道更根本，而足以支配天地萬物之形成變化，天地萬物不能離開此「道」，否則將失去其所以生之憑藉。〔註1〕此「道」（無），是不可名、不可體，唯有通過「統宗會元」以思其「反」的方法乃能理解。

因爲「道」就內在於天地萬物之中，故即萬物之自然即爲「道」，何晏〈無名論〉云：「自然者，道也」，道就是自然，他引夏侯玄之言曰：「天地以自然運，聖人以自然用」，天地順自然之法則運行變化，聖人亦能任乎本然之理，而不造立施化，無爲而自與道合，此「唯道之從」即是「自然」。

何晏以道爲「無」，然「無」以「有」而明，「有」以「無」而全。何晏〈道論〉云：「夫道者，惟無所有者也，自天地以來，皆有所矣。」然猶謂之道者，以其能「復用無所有」也，故雖處有名之域而沒其無名之象。「道」無名，以其大莫能名，乃能爲天地萬物之根據。它遍在於事物之本身，成爲該事物之理據，那麼，求道於自然萬物之中，捨事物則無所謂道，決不能有一孤懸不可解之道，離自然的天地萬物而獨立存在。以「道」之性質又是自然，

〔註1〕「體無用有」說是擺脫宇宙生成論的關鍵。以下每一思想家都受此概念之影響。此錢穆有〈王弼言體用〉一文以闡發之。（收錄於《莊老通辨》台北：三民書局，1971 年），頁 379～384。體用觀在王弼是用來調和儒道「有」、「無」之衝突。他以老子之精神爲體，而以儒家的表現爲用，表面溝通儒道，背後是以老子之思想取得了勝利。

即「自然」以說道，乃避開了道之實體性、先在性、創生性，又別開其為「自自然然」、「不知所以然而然」之義蘊。

從裴徽問王弼「無誠為萬物所資」，王弼答以「聖人體無」（何劭〈王弼傳〉），可推出「貴無」論已在正始之前十分流行，至少裴徽、何晏、王弼及後來的王衍都主張之。因孔聖「罕言性命天道」，孔子又言「予欲無言」，遂有「聖人體無」的話頭。而此實涉及變異孔子精神面貌，暗中扭轉學術思潮之關鍵。

據載何晏本注《老子》，及見王弼注《老》，自嘆弗如，遂將己注給王弼作參考，而另作《道德論》（《世說・文學》10）。但今只存張湛《列子注》中保存之〈無名論〉、〈無為論〉、〈道論〉，而此諸論即是「貴無」論之理論基礎。因王弼乃何晏大力賞拔之學子，其能立足於談界或學界，實拜何晏之賜，而其思想頗得何晏「無名」、「無形」之〈道論〉闡發的影響。何晏集解《論語》的新義部份，多存以「無」為本之意，視「無」為統宗會元之道，本乎此，故王弼在「貴無」之說，乃有成熟的論證。何晏倡「有之為有，恃無以生」，可以說已開王弼「體無用有」說的端緒。

且從思想體系可剖辨真正「貴無」論者為何晏，因何晏另有與王弼辯諍「聖人有無情」論一命題，據何劭〈王弼傳〉即言：「何晏以為聖人無喜怒哀樂，其論甚精，鍾會等述之，弼與不同。」也就是何晏力主「聖人無情」，而王弼則主「聖人有情」，按何晏的「聖人無情」論，今檢證其《論語集解》，將《論語・雍也》：「有顏回者，好學，不遷怒，不貳過。」何晏解釋為：「凡人任情，喜怒違理，顏淵任道，怒不過分」，此視顏回為性不偏不倚之聖人；又將《論語・述而》：「志於道。」解為「道」不可體，故「志」之而已，此王弼《論語釋疑》言「道不可體，故但志慕而已」，明顯循何晏之說。《文心雕龍・論說》言：「何晏之徒，始盛玄論」，何晏為首先將《老子》的「無」引用來注解《論語》，以聖人與天地合其德，體「道」行「道」，「道」無名無為，等如宇宙本體之「無」，開經學玄化的傾向。又按莊子跟惠子曾辯「人之有情否」，莊子言「無情」，惠子言「焉得無情」？莊子言：「吾所謂無情者，言人之不以好惡內傷其身，常因自然而不益生也」（《莊子・德充符》），則莊子反近乎王弼之說，則「無情」亦「有情」，「有情」亦「無情」，「有情」、「無情」一也。因漢代學者尊陽卑陰，在人性論上，主張性陽情陰，故性善情惡，而聖人純善，所行無非天道，故其注《論語・公冶長》注云：「聖人有性而無

喜怒哀樂之情」，有性無情，故推導出「聖人無情」說。

按何晏集解《論語》，曾廣納漢代學者之說，故多少受「性善情惡」思想之影響，而何晏「參玄」不停留漢人之說，爲儒道「將毋同」作了先驅工作，其注疏特色爲「會通」，故解釋顏回「簞瓢屢空」之「空」爲「虛中」，即體道、體「無」也，故可推何晏乃眞正之「貴無」論者。今以何晏體「無」，則自然標出「聖人無情」論；王弼體「無」用「有」，故講「性」其「情」，遂主張「聖人有情而無累於情」，王弼《老子》三十二章注又言能抱朴無爲則「不以物累其眞，不以欲害其神」，皆「有情無累」之論也。再翻一層言，何晏之「無情」論，亦可言聖人純善，故無「有累於情」之情，而可有「無累於情」之情，則此說雖參玄，而何、王之思想却可互相發明。

今憑實而論，何、王有別，誠如湯用彤所言何晏「廢動言靜」，本末兩分；王弼體用一如，其「論天道人事以及性情契合一貫」，故以王弼說較「精密」，却也可說王弼於溝通儒道，愈臻成熟耳。〔註2〕

第二節　王弼之「體無用有」說

「貴無論」到王弼的手裏，更加深化，他認爲，天地萬物之本體爲「無」，萬有乃本體之外現，故爲末有之現象。他對於「本」、「無」之把握是這樣的：

一、以「無」釋「道」

老子以「有無相生」，二者皆是「道」的表現，而互相依存。何晏已強調老子中之「無」，而主張天地萬物皆以「無」爲本，但並未明言「道」就是「無」，至王弼則逕言「道者，無之稱也」。他在《論語釋疑》中說到：

> 道者，無之稱也，無不通也，無不由也。況之曰道，寂然無體，不可爲象。是道不可體，故但志慕而已。〔註3〕

道以「無形無爲，成濟萬物」（〈二十三章〉注）、「道無形不繫，常不可名，以無名爲常」（〈三十二章〉注），以其「極虛無」（〈十六章〉注），本身沒有任何規定性，故不可言說而稱之爲「無」，此「無」爲不具任何屬性之「至無」。

〔註2〕 《三國志・鍾會傳》附〈王弼傳〉載王弼論道，於「附會文辭」不如何晏；「自然有所拔得」則多於晏。在本傳的論述上，何晏開其端，而王弼則能就理暢本，眞能滌蕩漢儒之謬。

〔註3〕 樓宇烈《老子周易王弼注校釋》（台北：華正書局，1981年），頁624。

道以「無狀無象，無聲無響，故能無所不通，無所不往，不得而知」。（〈十四章〉注）以其無形不繫，故無名，此就道無體不可象而稱「無」也。在王弼《老子注》中，以「無」解「道」者遍在，而如「孔德之容」之「孔」，本應訓爲大，而王《注》云：「孔、空也」，可見王弼將老子之「道」的特性，集中於一「無」字。其與「道」相關之概念，也都以「無」釋之，如「朴」，《老子》云：「復歸於朴」、「朴散而爲器」，此皆指道體而言，而王弼則注云：「朴之爲物，以無爲心也」；「朴之爲物，憒然而偏，近于無有，故曰莫能臣也」（〈三十二章〉注）。又如「常」，老子云：「復命曰常」，王弼注云：「常之爲物，不偏不彰，無曒昧之狀，溫涼之象」（〈十六章〉注），此皆以「無」形容也。

　　王弼注《老子》以「無」代替「道」的地位，且以「無」爲中心，提昇其內涵至乎本體之境，而建立其玄學體系。

二、以「無」爲本

　　王弼以「寂然至無」爲萬變群有之本。「無」登乎「本體」的位置而超乎「萬有」，《老子指略》云：

> 夫物之所以生，功之所以成，必生乎無形，由乎無名。無形無名者，萬物之宗也。不溫不涼，不宮不商。聽之不可得而聞，視之不可得而彰，體之不可得而知，味之不可得而嘗……故能爲品物之宗主，苞通天地，靡使不經也。〔註4〕

此以萬物之宗本爲「無」（道）。《老子》二十八章注又云：「從事於道者，以無爲爲君」。《周易・復・象注》云：「天地雖大，富有萬物，雷動風行，運化萬變，寂然至無，是其本矣。」四十章注亦云：

> 天下之物，皆以有爲生。有之所始，以無爲本。將欲全有，必反於無也。

王弼認爲天地雖廣、雖大，却以「無」爲「宗」、爲「君」、爲「根」、爲「心」。事物——「有」，不能獨立存在，須以「無」爲依據乃能發揮妙用。故「無」是天地萬物之「本」。道——無，是萬物之本質，是本，是體；萬物——有，是現象，是末是用。有無之關係爲本、末，體、用之關係。「有」之所以能表現爲各種性用，乃由於「無」這個本、體，故有形有象之「有」，其終也必歸

〔註4〕樓宇烈《老子周易王弼注校釋》，頁195。

「根」返「本」。「無」是萬物所歸之根本，萬物不能捨「無」以爲「體」，萬物之「用」皆由「無」之自動。故《老子‧三十八章》注又云：「雖貴以無爲用，不能捨無以爲體也。」《老子指略》中更言：「天生五物，無物爲用，聖行五教，不言爲化」，「無物」、「不言」爲體也。《世說‧文學》8 載王弼答裴徽之問，曰：聖人「體無」。何劭〈王弼傳〉又載王弼認爲聖人「神明茂，故能體沖和以通無，五情同，故不能無哀樂以應物」，此皆以「無」爲本的一貫思維也。〔註5〕

王弼將有、無之關係，除用本末、體用解釋外，還通過了靜動、常變、一多、母子、寡眾等概念以說明：

（一）動與靜

王弼以守靜爲本，躁動爲末。《周易‧復‧彖》注云：

> 復者，反本之謂也。天地以本爲心者也。凡動息則靜，靜非對動者也；語息則默，默非對語者也。然則天地雖大，富有萬物，雷動風行，運化萬變，寂然至無，是其本矣。故動息地中，乃天地之心見也，若其以有爲心，則異類未獲具存矣。〔註6〕

以靜止爲根本，以動爲表面現象，是「情僞之所爲」（〈明爻通變〉），是不眞實的，爲「跡」，故動復則靜，行復則止。「絕對靜止」之「無」是「相對變化」之「有」的根本。《老子‧十六章》注云：

> 凡有起於虛，動起於靜，故萬物雖并動作，卒復歸於虛靜，是物之極篤也。

物之極篤爲「靜」，「守靜，物之眞正也」（〈十六章〉注），此「歸根復命」以得性命之常者。《易‧恆卦》注云：

> 夫靜爲躁君，安爲動主，故安者，上之所處也，靜者，可久之道也。

反本是從萬變中，把握不動不變之本體，此「以靜制動」也，「息亂以靜」也。故〈明象〉曰：「夫動不能制動，制天下之動者，貞夫一者也。」宗極貞一，至道純靜，純全貞一乃其體也。絕對靜止之本體，足以統御群動，故群動終必返於靜。

〔註5〕老子所講的「道」，或稱「無」，當是在天地萬物之上之後，而生長萬物之至高無上實體（如母生子）；王弼之「無」是存在於天地萬物之中，爲天地萬物存在變化之根本。

〔註6〕樓宇烈《老子周易王弼注校釋》，頁336、337。

（二）常與變

「常、變」之理與「靜、動」之理相近，動靜關係即爲變常關係，《周易略例‧明爻通變》云：

> 變者何也？情僞之所爲也。夫情僞之動，非數之所求也。故合散屈伸，與體相乖。形躁好靜，質柔愛剛，體與情反，質與願違。巧歷不能定其算數，聖明不能爲之典要，法制所不能齊，度量所不能均也。〔註7〕

夫情僞之變，雖不能度量，但它是不眞實的，至靜之本體乃爲眞，故把握「常」，則可御「變」，《老子指略》云：

> 雖古今不同，時移俗易，此不變也……故古今通，終始同，執古可以御今，證今可謂知古始，此所謂常者也。〔註8〕

《老子‧二十五章》注：「返化終始，不失其常，故曰：不改也。」修其常道，則可御變。變以不變爲常，執常可以御變，此亦靜可以制動。《論語釋疑》云：「權者，道之變，變無常體，神而明之，存乎其人，不可豫設，尤至難者也。」聖人把握常道（體常），即能隨機應變（用權）。

（三）一與多

在《老子》書中，「一」乃「道」的代稱，而王弼則仍納入「無」的範圍來論證。爲了說明現象之「有」統一於本體之「無」，王弼又以「一」與「多」的關係論證之。《老子‧四十二章》注云：

> 萬物萬形，其歸一也，何由致一？由于無也，由無乃一，一可謂無？……雖有萬形，沖氣一焉。

「無」即是「一」，「一」是「多」之主宰。一是物之極，物皆各得此一以成。〈明象〉曰：

> 故自統而尋之，物雖眾，則知可以執一御也；由本以觀之，義雖博，則知可以一名舉也。

此「以一統眾」也。世界之繁而不亂，眾而不惑，即在有「一」之統御。又《論語釋疑》注「一以貫之」曰：

> 夫事有歸，理有會。故得其歸，事雖殷大，可以一名舉；總其會，理雖博，可以至約窮也。譬猶以君御民，執一統眾之道也。

〔註7〕樓宇烈《老子周易王弼注校釋》，頁597。
〔註8〕樓宇烈《老子周易王弼注校釋》，頁195。

君統萬民，即「執一統眾」之道。《老子‧四十二章》注云：「百姓有心，異國殊風，而得一者，王侯主焉。」以侯王爲百姓之主，是將一多關係推廣到政治社會方面。又《易》「大衍」義，以一不用，此一是四十九用之體，王弼釋「大衍之數五十，其用四十有九」曰：

> 演天地之數，所賴者五十也。其用四十有九，則其一不用也。不用而用以之通，非數而數以之成，斯《易》之太極也。〔註9〕

此不用之「一」，即是「無」；四十九之用乃眾多之「有」，而四十九能起用，端賴乎「一」，故「一」爲「多」之本。理極即「一」，能盡理極，則無物不統矣。

（四）寡與眾

「寡、眾」與「一、多」同義，祇是辭異耳。〈明象〉云：

> 夫眾不能治眾，治眾者，至寡者也。……故眾之所以得咸存者，主必致一也。

《老子‧十一章》注：

> 轂，所以能統三十幅者，無也。以其無，能受物之故，故能「以寡統眾」也。

〈明象〉又言：

> 夫少者，多之所貴也，寡者，眾之所宗也。一卦五陽而一陰，則一陰爲主矣，五陰而一陽，則一陽爲之主矣……故陰爻雖賤，而爲一卦之主者，處其至少之地也。

此「約以存博，簡以濟眾」之原則，即以寡統眾、執一御萬也。

（五）母與子

此母與子非生成關係，依然是就現象之本質言。《老子‧三十八章》注云：

> 守母以存其子，崇本以舉其末，則形名俱有，而邪不生，大美配天而華不作。故母不可遠，本不可失。……舍其母而用其子，棄其本而適其末，名則有所分，形則有所止，雖極其大，必有不周，雖盛其美，必有患憂。

按《老子》五十二章言「既得其母，以知其子，既知其子，復守其母，沒身不殆」，此本爲母生子的問題，然王弼之思路，卻奪爲本末關係。

〔註9〕樓宇烈《老子周易王弼注校釋》，頁547、548。

又云：

> 本在無為，母在無名，棄本捨母而適其子，功雖大焉，必有不濟，
> 名雖美焉，偽亦必生。

母子關係僅是本、末之關係，故母不可舍，舍母則喪本，《老子·五十二章》注云：

> 母、本也；子、末也，得本以知末，不舍本以逐末也。

那麼此「守母存子」即「守本存末」、「崇本舉末」也。〔註10〕

　　通過體用、本末、靜動、常變、一多、寡眾、母子之思辨比較，王弼乃建立其「貴無」之說，認為「無」乃為天地萬物之根本，反「本」貴「無」，才能完美無缺的發揮作用。

　　王弼又把「道」稱為「理」，此理乃千差萬別之萬有的統一而普遍之原理。《周易略例·明象》云：

> 物無妄然，必由其理，統之有宗，會之有元，故繁而不亂，眾而不
> 惑。

道理乃萬物之本性，王弼貴「無」在追索天地萬物背後之本質，即在追求此「理」也，執此統宗會元之「理」，則為以簡御繁，以一統萬，以寡治眾，以靜制動，體常達變，守母存子也。由此也為會通儒道之契機。而王弼之強調「無」，以「無」為本，以「有」為末，用意在教人分析認識事物時，不要為表面現象所迷惑，要把握事物之本質。

三、本末不可分離

　　王弼不但以末、有不離本、無而存在，而本、無若脫離末、有也不能獨立自明。故有、無乃互相依存，不能分離者。韓康伯〈繫辭〉注引王弼「大衍」義云：

> 夫無不可以無明，必因於有，故常於有物之極，而必明其所由之宗
> 也。〔註11〕

他舉大象與四象，大音與五音之關係說明本、末之不可分，《老子指略》云：「四象不形，則大象無以暢；五音不聲，則大音無以至。四象形而物無所主焉，則大象暢矣；五音聲而心無所適焉，則大音至矣。故執大象則天下往，

〔註10〕王弼以「體用」、「本末」說老子之「母、子」，義理明確，由此可見。
〔註11〕樓宇烈《老子周易王弼注校釋》，頁548。

用大音則風俗移。」是無四象、五音則大象、大音無以暢明；大象大音爲四象五音之本體，而本體必須通過四象、五音之「用」以顯現，由此推知，本無不能離開末有而存在，萬有之存在乃本體無之顯呈。本質與現象是對立統一之關係，一是內在規定性，一是此種規定性之外部表現，所以二者統一而不可分割，在此王弼用「舉本統末」、「崇本舉末」以說明之。

四、崇本舉末與崇本息末

王弼〈老子微旨例略〉是其注《老》之總綱領，它是一篇理解《老子注》的重要文獻，這是王弼統宗會元之論，在〈微旨例略〉中，他提出了「崇本息末」之命題。他說：

> 老子之書，其幾乎可一言以蔽之，噫！崇本息末而已矣。觀其所由，尋其所歸，言不遠宗，事不失主，文雖五千，貫之者一，義雖廣贍，眾則同類，解其一言而蔽之，則無幽而不識，每事各爲意，則雖辨而愈惑。〔註12〕

此可以說是王弼貴無之「方法論」，是把握事物本體——「無」之方法。《老子·五十七章》注：

> 夫以道治國，崇本以息末；以正治國，立辟以攻末。本不立而末淺，民無所及，故必至于以奇用兵也。

以道治國，才是治國之本，若代以刑法則是攻末，將造成兵亂之局面。同章繼續發揮到：「立正欲以息邪，而奇兵用；多忌諱欲以止貧，而民彌貧；利器欲以強國者也，而國愈昏多，皆舍本以治末，故以致此也。」故想息邪、止貧、強國，須崇「本」也，「崇本」者何？即「自然無爲」、「唯道是從」也。故《老子指略》云：

> 故其大歸也，論太始之原以明自然之性，演幽冥之極以定惑罔之迷，因而不爲，順而不施，崇本以息末，守母以存子，賤夫巧術，爲在未有，無責於人，必求諸己，此其大要也。

又言：

> 見素樸以絕聖智，寡私慾以棄巧利，皆崇本以息末之謂也。

守住事物之「本」——無，社會萬千事物乃有本可宗，有理可尋而不致迷惑，

〔註12〕樓宇烈《老子周易王弼注校釋》，頁198。

而一切困難皆可迎刃而解。所以王弼一直強調「母不可遠，本不可失」，「本不立而末淺」，處理事情，須抓住根本，不要祇在表面現象打轉，《老子指略》云：

> 夫邪之興也，豈邪者之所爲乎？淫之所起也，豈淫者之所造乎？故閑邪在乎存誠，不在善察。息淫在乎去華，不在滋章。絕盜在乎去欲，不在嚴刑。止訟存乎不尚，不在善聽，故不攻其爲也，使其無心於爲也。不害其欲也，使其無心於欲也。謀之未兆，爲之於未始，如斯而已矣。

夫防淫去邪，不在明察善斷或嚴刑峻法，當由改造人心下手，使人抱朴守靜少私寡欲，也就是不要光盯住邪、淫、盜、訟這些現象之本身，當著眼於導致這些現象之社會條件，而從根救起，讓弊端不致於發生。《老子指略》又云：

> 故竭聖智以治巧僞，未若見質素以靜民欲，興仁義以敦薄俗，未若抱素樸以全篤實；多巧利以興事用，未若寡私欲以息華競。故絕司察，潛聰明，去勸進，翦華譽，棄巧用，賤寶貨。唯在使民愛欲不生，不在攻其爲邪也。故見素抱朴以絕聖智，寡私欲以棄巧利，皆崇本以息末之謂也。〔註13〕

夫「崇本」乃治巧僞、靜民欲、敦薄俗、興事用之根本辦法。反之，捨本攻末，標榜仁義，講求刑法，越繁瑣，越是支節，徒使人追求形式，越成虛僞，所謂「巧愈思精，僞愈多變，攻之彌甚，避之彌勤……雖極聖智，愈致斯災」（《老子指略》），故刻意去推行某種措施或思想，常帶來副作用，「譽以進物，爭尚必起，矯以立物，乖違必作，雜以行物，穢亂必興」（《老子指略》），凡孝不任誠，慈不任實者，皆是「有心」之故，故正本清源在去「有爲」。《老子·五十七章》云：「我無爲而民自化，我好靜而民自正，我無事而民自富，我無欲而民自朴」王弼《注》云：「此四者，崇本以息末也」。「清靜無爲」之本，可收到民自化而無邪道，民自正則無淫巧，民自富則止貧窮，民自朴則去薄俗之效。故「崇本息末」之「息」，是由「止息」之方法進而得到「生、舉」之效果，故王弼《老子注》中又講「崇本舉末」、「舉本統末」。王弼認爲「仁德之厚，非用仁之所能也，行義之正，非用義之所成也。禮敬之清，非用禮之所濟也」（《老子·三十八章》注），故欲得仁義，不能把它當作目標一味向這目標追求，惟有「崇本」，則「末」自舉。《老子·三十八章》注云：

〔註13〕樓宇烈《老子周易王弼注校釋》，頁198。

　　　　用夫無名，故名之篤焉，用夫無形，故形以成焉。

崇「本」則「末」可舉、「末」可統，《老子・三十八章》注又云：「守母以存其子，崇本以舉其末，則形名具有而邪不生，大美配天而華不作，故母不可遠，本不可失。」〈五十二章〉注：「得本以知末」，此經過「崇本息末」之方法，得到本末一體不可分之結論，故「崇本息末」是「崇本舉末」的前提，唯有「息末」方能「舉末」，「息」的目的乃爲了「舉」，「舉」之先決條件是「息」，二者互相依恃爲用，以成其本體現象不分，體用不離之本體論主張，也是「體無用有」。期在重新肯定名教作爲治平的不可缺，如此有名教之治績，又無暴政之累害，這才是圓應之道。

　　進一步言，舉「本」統「末」即尙「自然」，則「名教」可舉，名教是末，自然才是名教之本，故名教須本乎自然，出於自然，唯其如此，名教之作用乃能顯示出來而沒有毛病，此即「名教出於自然」之說也。「貴無」論到西晉元康間的王衍，又得到大力推揚，然終淪爲消極無爲之靡風。而王弼《易》注也引來其後《易》學家的質疑，如顧悅之即提出四十餘條駁難。〔註14〕

第三節　「自然無爲」之政治謀略與人生觀

　　王弼論「自然」乃以萬物之本源（根據）爲虛靜之無，其於萬物成長過程之作用乃爲「無爲」，不加以主宰干涉。所以他對「自然」的概念，乃指事物在沒有任何主宰干涉下自然狀態，即自然一詞的本意——自然而然。無形無爲之「道」乃順應事物之自然狀態，「在方而法方，在圓而法圓」任自然無爲無造，萬物自相治理（〈二十五章〉注），故稱「道法自然」。「道」之主體，以其無爲，故能無不爲。

　　王弼哲學之最重要學說是「貴無」論與崇尙自然，因爲在魏明帝時，要求君王無爲，大臣有爲的思想極普徧，爲了提供此思想以理據，先要在君主的人格及材質上大作文章，於是有劉劭之以「主德者，聰明平淡，總達眾材，而不以事自任者也。」（〈流業〉），又言：「凡人之質量，中和最貴矣，中和之質，必平淡無味，故能調成五材，變化應節。」（〈九徵〉），劉劭以君主要「中庸」、「平淡」，無非在說要「無爲」也。王弼論證宇宙根本之「無」，其目的

〔註14〕悅之爲顧愷之父，著〈難王弼《易》義四十餘條〉，見《宋書・閔康之傳》，頁 2296。

即爲了在說明「君主無爲」。也就是強調君主統治要合乎自然，不要興造干涉，因爲他認爲人性本來自然，自然乃萬物之性，而名教每是人性的扭曲，所以王弼在《老子・二十九章》注云：

> 萬物以自然爲性，故可因而不可爲也，可通而不可執也。物有常性，
> 而造爲之，故必敗也，物有往來，而執之，故必失矣。

此造之、執之，即是違反「自然」，他在《老子指略》中，多批判仁義禮制，他認爲「天地不爲獸生芻而獸食芻；不爲人生狗而人食狗。無爲於萬物而萬物各通其所用，莫不贍矣，若慧由己樹，未足任也」。天地、萬物自有一套規律，自然運行，若統治者濫用私智，終不足以爲治。又云：「夫鎮之以素樸，則無爲而自正；攻之以聖智，則民窮而巧殷，故素樸可抱，而聖智可棄。」王弼由人性之自然，推到政治的崇尚無爲，此政治理論以人性爲出發點，以天道爲歸宿已佔了穩當的基礎，故其說容易流行。他認爲君主法「自然」而爲化，這樣子可以上順宇宙本根，下順百姓之性，《老子・十七章》注云：

> 大人在上，居無爲之事，行不言之教。

《老子・第十章》注又言：

> 道常無爲，侯王若能守，則萬物將自化。

「無爲」無執，即是道家所言的「靜因之道」，《老子・三十八章》王弼注云：

> 本在無爲，母在無名。棄本捨母，而適其子，功雖大焉，必有不濟；
> 名雖美焉，僞亦必生。

又〈第五章〉注云：

> 天地任自然，無爲無造，萬物自相治理，故不仁也。仁者必造立施
> 化，有恩有爲。造立施化，則物失其眞。有恩有爲，則物不具存，
> 則不足以備載矣。

〈二十七章〉注云：

> 順自然而行，不造不始，故物得至，而無轍跡也。順物之性，不別
> 不析，故無瑕讁可得其門也。因物之數，不假形也。因物自然，不
> 設不施，……輔萬物之自然而不爲始。

〈二十章〉注云：

> 夫燕雀有匹，鳩鴿有仇，寒鄉之民，必知旃裘。自然已足，益之則
> 憂。故續鳧之足，何異截鶴之脛；畏譽而進，何異畏刑？

自然已足，爲之則憂。無爲之治應用到君道上，主張君主要滅私。〈三十八章〉

注云：

> 故減其私而無其身，則四海莫不瞻，遠近莫不至。殊其己而有其心，
> 則一體不能自全，肌骨不能相容。

他又反對僞飾，〈三十八章〉注云：「夫仁義發于內，爲之猶僞，況務外飾，
而可久乎？」僞飾由於不能無爲，僞飾之因在于：「敦樸之德不著，而名行之
美顯尚，則修其所尚而望其譽，修其所道而冀其利。望譽冀利以勤其行，名
彌美而誠愈外，利彌重而心愈競……患俗薄而名興，行崇仁義，愈致斯僞」（《老
子指略》），去除僞飾，莫過「無形無名」，《老子‧十四章》注云：

> 無形無名者，萬物之宗也。雖古今不同，時移俗易，故莫不由乎此
> 以成其治者也。

〈五十八章〉注又云：

> 善治政者，無形、無名、無事、無政可舉。悶悶然，卒至于大治。

篤守自然，則萬物自化，反之，若嚴法、強兵、任智，失其自然，使百姓無
所措其手足，則上下亂矣。王弼《老子指略》云：

> 法者尚乎齊同，而刑以檢之。名者尚乎定眞，而言以正之。儒者尚
> 乎全愛，而譽以進之。墨者尚乎儉嗇，而矯以立之。雜者尚乎眾美，
> 而總以行之。夫刑以檢物，巧僞必生；名以定物，理恕必失；譽以
> 進物，爭尚必起；矯以立物，乖違必作；雜以行物，穢亂必興。

此批判法、名、儒、墨、雜各家之缺弊，終歸於道家之無爲自然。爲治若多
其法網，煩其刑罰，使物失其自然，則無以爲治矣，所以他認爲要息欲去私，
擯賢舍功，而「以無爲爲居，以不言爲教，以恬淡爲味」〈六十三章〉注「行
不言之教，不以形立物」〈十七章〉注爲治道之極。若能不禁、不塞，不恃宰
成，有德而不知其主，是謂「玄德」。

又〈四十九章〉注云：

> 夫以明察物，物亦競以明應之；以不信察物，物亦競以其不信應之。
> 夫天下之心不必同，其所應不敢異，則莫肯用其情矣。甚矣！害之
> 大也，莫大於用其明矣。……若乃多其法網，煩其刑罰，塞其徑路，
> 攻其幽宅，則萬物失其自然，百姓喪其手足；鳥亂於上，魚亂於下。
> 是以聖人之於天下，歙歙焉心無所主也；爲天下渾心焉，意無所適
> 莫也。無所察焉，百姓何避？無所求焉，百姓何應？無避無應，則
> 莫不用其情矣。

王弼之意，在強調人君行政能效法「天地」自然之精神，以天地自然本「無心」且「無私」，蓋有心有私則有所偏失。是以為政，當循自然，放任無為。換句話說，能循自然，則得道本，道本全一，故無亂源，是以呈現一片和諧；反之巧愈思精，偽愈多變矣。於此，王弼老子注中，多提出「因」、「任」、「隨」、「順」、「輔」〔註14〕等「靜因」之道：

（一）順

〈十二章〉：夫耳、目、口、心，皆順其性也。

〈二五章〉：道順自然。

〈二七章〉：順自然而行；順物之性，不別不析。

〈二九章〉：順而不施。

〈三七章〉：順自然也。

〈四二章〉：舉其至理，順之必吉。

〈六三章〉：順天下之所同者，德也。

〈八一章〉：順天之利，不相傷也。

（二）因

〈二章〉：因物而用。

〈十章〉：因而不為。

〈二七章〉：因物之數；因物自然，不設不施；因物之性。

〈二九章〉：萬物以自然為性，故可因而不可為也；聖人達自然之性，暢萬物之情，故因而不為。

〈三六章〉：因物之性，令其自戮，不假刑為大。因物之性，不假刑以理物。

〈四一章〉：大夷之道，因物之性，不執平以割物。建德者，因物自然，不立不施。

〈四五章〉：因自然以成器，不造為異端。大辯因物而言，己無所造。

〈四七章〉：明物之性，因之而已，故雖不為，而使之成矣。

〔註14〕郭象以順任物之自為，與物無對為無為，其〈在宥〉注「不如眾技眾矣」云：「因眾則寧也，若不因眾，則眾之千萬，皆我敵也。」因眾即是順應人民之意而行，《莊注》中常有「因為之制」等，皆言因民意而各任其自為，王弼郭象發揮莊老「因」義最精，而郭象之注或有沿王注者，此可參閱錢穆：〈郭象莊子注中之自然義〉一文，收錄：《莊老通辨》，頁385～419。

〈四九章〉：動常因也。各因其用，則善不失也。

〈五一章〉：唯因也，故能無物而不形。隨其所因，故各有稱焉。

〈五六章〉：因自然也。

（三）隨

〈二三章〉：言隨其所行，故同而應之。

〈四五章〉：隨物而成，不為一象。隨物而與，無所愛矜。隨物而直。

〈五一章〉：隨其所因，故各有稱焉。

（四）任

〈五章〉：天地任自然，無為無造。蕩然任自然。

〈十章〉：專，任也。……言任自然之氣，致至柔之和。

〈三八章〉：舍己任物，則無為而泰。

〈八一章〉：任物而已。

（五）輔

〈二十七章〉：輔萬物之自然而不為始。

《史記・太史公自序》言「六家要旨」，其於老子則曰：「其術以虛無為本，以因循為用」，王弼《注》多以「因」、「順」、「任」、「隨」、「輔」釋之，是得其旨要矣。聖人動作，固因循自然，而不敢有所造焉，「自然已足，為則敗之」。按王弼，《老子注》中用「自然」之處共有二十七條，此實足以導魏晉崇尚自然之風氣。

「無為」之概念用在人生觀方面，則求與「道」合，不為外物所累。《老子・五十章》注云：

> 故物，苟不以求離其本，不以欲渝其真，雖入軍而不害，陸行而不
> 可犯也。

倘若能如嬰兒之「和而無欲」，則可「物全而性得」，無為而不宜矣。故生活要做到「抱樸無為」（〈三十二章注〉），無以爭競，《周易・謙卦》上六《象》注云：

> 未有居眾人之所惡，而為動者所害；處不競之地，而為爭者所奪。

《坤卦・六三》注亦云：

> 不為事始，須唱乃應，待命乃發，……有事則從，不敢為首。

因任自然，不為物先，與時偕行，即可達到「體沖和以通無」的境界。《頤卦・

初九》注亦云：

> 夫安身莫若不競，修己莫若自保，守道則福至，求祿則辱來。

無求無欲，反於無爲，乃可以安身，可以保己。此實能扣住老子「清靜無欲」
之道者。

第四節　「貴無」論之方法論——忘言得意

在方法論方面，「貴無」則以「得意忘言」爲立足點而建立其體系，王弼
取《老子》「知者不言，言者不知」及《莊子》「得魚忘筌」之理，以注解《易
經》，而有「忘言忘象以得意」之論。

他除了在言、意二概念之外，增加「象」的概念，使意、象、言三者「互
相孚應、次第生起」（唐君毅先生語），所謂「言生於象」、「象生於意」，爻象
據義而生，卦爻辭又從爻象產生，也就是先有思想（抽象思維），後有符號（形
象思維），而語言即是此形象思維的解釋，所以語言對於思想而言，是一種間
接的工具。

從而王弼以「意」爲宇宙本體之認識，亦是客觀規律的認識，也就是宗
極之道，是統宗會元之「宗元」，《論語釋疑》注「一以貫之」曰：

> 貫，猶統也。夫事有歸，理有會，故得其歸，事雖殷大，可以一名
> 舉；總其會，理雖博，可以至約窮也，譬猶以君御民，執一統眾之
> 道也。

又云：

> 能盡理極，則無物不統，極不可二，故謂之一也。

理極即「一」，即本體「無」，是萬物之「致」（宗主），《老子·四十七章》王
弼注云：

> 事有宗而物有主，途雖殊而其歸同也，慮雖百而其致一也。……無
> 在於一，而求之於眾也。……得物之致，故雖不行，而慮可知也。
> 識物之宗，故雖不見，而是非之理可得而名也。

控制「本體」，則一切皆可成就。而如何掌握「本體」呢？王弼先肯定語言之
作用曰：「夫象者，出意者也；言者，明象者也。盡意莫若象，盡象莫若言」
（〈明象〉），象是由意產生以表現意者，言是由象產生以表達象者，言之作用
在達意，故盡意須通過言，捨言無以盡意，此王弼承認語言爲表達思想之工

具也。

　　然而他馬上說：「言者所以明象，得象而忘言；象者所以存意，得意而忘象」（〈明象〉），他又認為語言僅是一種工具，是從屬的地位，故執著名言將失其本義，他說：「存言者，非得象者也，存象者，非得意者也」；為「得意」之故，所以「義苟在健，何必馬乎？種苟在順，何必牛乎？爻苟合順，何必坤乃為牛？義苟應健，何必乾乃為馬？」因「一意義有種種可能之事物為象」，可知名言與事物間無必然之關聯。言、象、意既有區別，自不可執守言、象，宜變通之，如能遺牛馬之象，以求健順之本意，乃可把握真理。蓋非忘象，則無以制象，非遺數則無以極數，拘滯名言，乃捨本逐末者，則有漢之摛章撏句，名物象數皆應廓清之。

　　王弼以「道」（無）——形上本體是超言絕象者，《論語釋疑》注「志於道」云：「道者，無之稱也，無不通也，無不由也，況之曰道，寂然無體，不可為象，是道不可體，故但志慕而已」，本體界非言語名稱所能說明形容，非一般方法所能認識，蓋有言則有分，「有分則有極」，有言而「居成」則「失其母」（《老子·三十九章》注）。故執「末」（名、言、象），則不能得其「本」意矣。

　　語言既有所肯定，則有所否定，有所指，則有非所指，若「溫則不能涼」矣，「宮也則不能商」矣；而本體無則無所不通，無所不由，所以王弼於《論語釋疑》中云：

　　　　夫立言垂教，將以通性，而弊至於湮，寄旨傳辭，將以正邪，而勢
　　　　至於繁。既求道中，不可勝御，是以修本廢言，則天而行化。

六籍之存，本在得聖人之意，也就是在體會聖人「立言垂教」的精神內涵，而不可滯於名言，若繁瑣章句，造立繁禮，拘守言教，矯偽滋甚，聖人之微言反而汩沒了。

　　事實上，語言文字常帶有人所賦予的目的性，因而人們一經使用語言文字，便滲入自己的意願，文字的含混與歧義，由茲肇端。而意義失去明確性後，若「拘執」之，終必引起無謂之爭端，蓋語言符號，其作用本在指涉對象之真況，即「制名以指實」，它本為中立性之符號，然人多忽略其中立性，而被當成巧辯之工具，為解決此問題，則「莫若以明」，所謂「以明」，即以智照超越名相也。故孔子言「予欲無言」（《論語·陽貨》），聖人未嘗不言，特其「無意，無必，無固，無我」（《論語·子罕》）也；老子言「善言無瑕讁」（〈二十七章〉），為其「順物之性，不別不析」（《老子·二十七章》王弼注）

也；佛以心法之妙，固離文字，然非無文字，能不「滯相」耳！

　　王弼倡「貴無」，盛言「道」不可道，不可名，不可爲，不可執，因爲他著重於本體「無」，故提出「得意忘象忘言」之說，牟宗三先生即以此說爲「言不盡意」一系。〔註15〕其所謂「盡」，是象徵之「盡」，是「觸類合義」之「盡」，至於意（本），則爲超言絕象，是不可盡，故此爲「盡而不盡」也。

小　結

　　夫學術每循窮變通久之規律，當一家之說，蔚成籠罩，蔓衍至極，則染指愈深，原始義諦，浸以支離，質性既已不純，僞說因以孳生，或流於虛誕，或漸趨僵化，此時必待有識之士，因勢突破，別開生面，此魏晉時代，莊老之代經學而興也。而何晏、王弼正是開導風氣之先驅。

　　由何、王所唱之「貴無」思想，以「無」爲「有」之本，「欲全有，必反於無」（《老子·四十章》注），天地萬事萬物既皆以「無」爲「本」，則現象萬有只是「末」。自爾以降，自然清通之風彌漫，思想在恣談縱辯、口說玄虛中奇義蠭生，言行在務求絕出流輩下揮灑曠逸；文藝因情感透脫而奔放風骨，這是個富情調的時代，在中國學術思想上固是個歧出，然亦是個變革的時代。因王弼之援老釋儒，正以滌蕩陰陽纖緯之繆悠，如久行荊棘，忽上康衢，思想得到徹底解放，學術乃能推陳出新。按王弼「體無用有」說，雖貴無而不賤有，揆其實，其「貴無」乃貴「道」，「道」爲大有，爲萬有之大本，可爲經世致治所取資。則何來「崇有」所指之「遺制忽防」之流弊？不知使「貴無」流向「虛無者」，乃王衍之輩也，王弼本可不負其責，此不得不辨者。因貴「無」本義流失的結果，造成社會的浮虛放蕩，追本溯源，而有范寧〈罪何晏、王弼〉之論，指其波蕩後生，故罪深桀紂。當儒宗經典被污衊，禮法之士被撻伐，老莊思想奪正統之席，社會領導階級鼓播無爲的世代，透迤爲偷苟，其時人們內心之苦悶，實有增無減。於是有識之士乃本儒家入世擔道的精神，欲從思想上、行爲上從根救起，因此裴頠〈崇有論〉遂產生矣。

〔註15〕牟宗三以王弼之「立象以盡意，得意而忘象」即函「盡而不盡」，亦函荀粲之「意外之意，繫表之言之蘊而不出」。此皆屬於「言不盡意」系。見〈魏晉名理正名〉，《才性與玄理》（台北：台灣學生書局，1974年），頁253。

第三章　裴頠之「崇有」思想

前　言

　　裴頠在整個思潮趨向玄虛的時代，昂昂然獨樹「崇有」之論，與當時名辯家往返折衝，不爲所屈，辯才與膽識配合其縝密之思維、精當之文詞，故頗能切中「貴無」論之流弊，喚起當時以社稷爲重者之迴響，其影響可謂大矣！在當時有、無之辯，乃獨步一時之名論，所以今天我們對於〈崇有論〉之析解，也應正視其「辯論」本質，其所發之語，皆扣緊論敵之要旨，句句不虛。至於其理是否精當無誤，其境界是否高妙，尚是其次。就在正反兩方往返申辯中，兩造之理無形中都顯豁了，從其辯論之「焦點」，我們得以略窺當時思潮之主題，掌握當時思潮之主題，是進而研究當時政治、社會、學術等各方面的必備條件。

第一節　裴頠之儒家型性格

　　裴頠世爲著姓，祖裴潛，官至魏光祿大夫；父裴秀爲晉司空、開國功臣，爲支持司馬氏之儒家大姓、禮法世家，爲司馬氏勢力核心，頠襲父爵，遷侍中、尚書左僕射，爲一朝重臣。少即知名，雅有遠識，御史中丞周弼見而歎曰：「頠若武庫，五兵縱橫，一時之傑也。」賈充亦稱之曰：「才德英茂，足以興隆國嗣。」他雖貴爲賈后之親屬，然雅望素隆，「四海不謂以親戚進也，惟恐其不居位」（〈裴頠傳〉），可見頠爲時人所重，他做事大公無私，極力反對偏崇外戚，史載他「明允恭肅，體道居正」（《晉書·閻纘傳》），即此也。

　　當時賈后爲了要抵制諸王之力量，與賈謐謀用「學業優博」、「儒雅有籌略」（《晉書・張華傳》），爲眾望所歸之張華主持朝綱，在疑而未決時，裴頠深贊其事，張華亦能不負所望，「盡忠匡輔，彌縫補闕」，使處闇主虐后之朝，海內得以晏然無事。

　　裴頠既深患賈后之亂政，亦力阻諸王之奪權，他與張華同心輔政，選賢舉善，明揚仄陋；又主張賞罰分明，輕重不二，強調諸法須有恆制，事務須立准局，這種正名務實之精神，即標準之儒家型性格也。由於他出身儒學大族的關係，故崇重經學，遵禮名教。當天下暫寧時，頠奏修國學、起講堂，刻石寫經，使愍懷太子「奠祀孔子，飲饗射侯，甚有儀序」，他獎倡儒業，正思由教育改變時代風氣，以力挽狂瀾。

　　他博學稽古，兼明醫術，又以其父乃著名之地理學家，作《禹貢地域圖》十八篇，其製圖之原則有六，強調精密之度數、方位、距離等，至今仍有其價值。裴頠幼受庭訓，極富科學頭腦，講求實事求是，如當時荀勗修律度，檢得古尺，短世所用四分有餘，頠即上言宜改諸度量，若未能悉革，可先改太醫權衡，免用藥輕重而致傷夭。可見他尊重科學，做事一絲不苟之性格。

　　而當時思想界幾爲玄學清談所壟斷，社會愈趨浮靡放蕩，裴頠站在儒家之立場，爲扶明儒業，有益於時而肯定講「長幼之序，貴賤之級」的名教，觀其〈崇有論〉多本儒家經術教化以立言：

　　　惟夫用天之道，分地之利，躬其力任，勞而後饗。居以仁順，守以
　　　恭儉，率以忠信，行以敬讓，志無盈求，事無過用，乃可濟乎！故
　　　大建厥極，綏理群生，訓物垂範，於是乎在，斯則聖人爲政之由也。

此以儒爲政道之本也，則崇「有」者即崇「儒」也。他見當時家家畫老莊之像，人人談老莊之言，「學者以老莊爲宗而黜六經，談者以虛蕩爲辨而賤名檢」（干寶〈晉紀總論〉），站在維護儒家的立場，眼見公卿士庶「罕通經業」，自然矍然驚起，而思以「儒方」醫「道病」也。故清楚裴頠之學術立場與性格，則其思想之特色思過半矣。

第二節　〈崇有論〉之所由作──釋放蕩之蔽

《晉書・裴頠傳》云：

　　頠深患時俗放蕩，不尊儒術，何晏、阮籍素有高名於世，口談浮虛，

不遵禮法，尸祿耽寵，仕不事事；至王衍之徒，聲譽太盛，位高勢
重，不以物務自嬰，遂相放效，風教陵遲，乃著〈崇有〉之論，以
釋其蔽。

可見裴頠是站在維護儒術名教之立場，破「虛無之弊」，以立「建有之論」者。
關於此，《世說・文學篇》12注引《晉諸公贊》，有更詳細的解說：

自魏太常夏侯玄、步兵校尉阮籍等，皆著〈道德論〉，于時侍中樂廣，
吏部郎劉漢，亦體道而言約，尚書令王夷甫講理而才虛，散騎常侍
戴奧以學道為業，後進庾敳之徒，皆希慕簡曠。頠疾世俗尚虛無之
理，故著〈崇有〉二論以折之。

可見裴頠〈崇有論〉之作在矯虛浮放蕩之弊，所以立論之重點，自然以名教
設施，人倫日用為言。大抵說來，〈崇有論〉所作低昂深淺之論，皆有實據可
考，皆是當時社會之所可聞可見者。上節言裴頠家世儒學，為人方正，以親
身參與政治核心，處處以經國為念，自然看不慣那些誣引老莊，以利縱恣之
徒；對那些毀方敗常者，乃予以口誅筆伐。因為儒業沈隕，人倫敗壞，禮法
被糟蹋，如阮嗣宗之以蟣虱、劉伶之以蜾蠃與螟蛉比禮法之士；嵇康以讀經
書則齦齦目瞧，這種將儒經、禮法之士污衊諷刺到極點之不正常現象，預示
社會之解體及朝綱之解紐！

〈崇有論〉言：「上及造化，下被萬事，莫不貴無，……乃號凡有之理，
皆義之埤者，薄而鄙焉，辯論人倫及經明之業，遂易門肆」。因為身居高位者，
雅詠玄虛，自命風流，大家跟著傚效，這些具有宣佈教化之地位者，都鼓播
莊老，盛稱空無之美，於是大家都被眩惑而沈溺其中，以謂「虛無之理，誠
不可蓋」，整個社會，上上下下皆附和浸染虛無習氣。因強調老莊，自然輕忽
儒家禮教，而帶來許多後遺症，所謂「立言藉於虛無，謂之玄妙；處官不親
所司，謂之雅遠；奉身散其廉操，謂之曠達」。這種情況，不是裴頠一個人憑
空說出來的，因為當時就有許多這種批評言論，如傅玄云：

近者，魏武好法術而天下貴刑名，魏文慕通達而天下賤守節，其後
綱維不攝，而虛無放誕之論盈於朝野，使天下無復清議，而亡秦之
病復發於今。

又如庾峻見時重莊老而輕經史，峻懼雅道陵遲，乃潛心儒典，見風俗趨競，禮
讓不修，乃上疏論時弊；疾世浮華，不修名實，亦著論非之。據當時史料文籍，

多言自正始後，風俗乃壞，於是，有的直斥開正始之音的何、王，〔註1〕有的斥放達之始的阮籍、王衍（王隱《晉書》），而貴無祖師老、莊，乃成交詬之對象，故有〈放道崇儉論〉（江惇）、〈廢莊論〉（王坦之）〈老聃非大賢論〉（孫盛）等，至於對於當時社會風氣作批評的有《抱朴子‧疾謬篇》所斥的：

> 漢之末世，則異於茲，蓬髮亂鬢，橫挾不帶，或褻衣以接人，或裸袒而箕踞，……以同此者為泰，以不爾者為劣。終日無及義之言，徹夜無箴規之益。誣引老、莊，貴於率任，大行不顧細禮，至人不拘檢括，嘯傲縱逸，謂之體道。嗚呼惜乎！豈不哀哉！

葛洪之哀者、惜者，不忍見世人之背禮教而肆邪僻也。應詹亦言：「元康以來，賤經尚道，以玄虛宏放為夷達，以儒術清儉為鄙俗」，整個社會普遍的「薄綜世之務，賤功烈之用，高浮遊之業，埤經實之賢」（〈崇有論〉），於是「洙泗之風，緬焉將墜」（范寧〈罪王、何論〉），當儒家那套經明行修以參天心、立人極，從而肯定現實政制教化的精蘊已然衰歇，淪胥為四無掛搭之蒼涼，則虛浮放曠正是其下場。〈崇有論〉云：

> 放者因斯，或悖吉凶之禮，而忽容止之表，瀆棄長幼之序，混漫貴賤之級。其甚者至於裸裎，言笑忘宜，以不惜為弘，士行又虧矣。

這種「才不逸倫，強為放達」者，終難免輕薄之譏。因為輕薄太過，造成許多流弊，故有識之士乃大聲疾呼，思有以救之，裴頠即是有見放蕩而思挽頹風者之一。他所講的話，既可以在同時代，或稍後於他之言論或文章中得到印證，可見字字不虛。連自命風流的樂廣，見王澄、胡母輔之等之任放，甚或裸體，也要搖頭歎息道：「名教內自有樂地，何必乃爾！」（《晉書‧樂廣傳》）整個魏晉時代士風不競之主因，即名士「棄經典而尚老莊，蔑禮法而崇放達」（《日知錄》正始條），《晉書‧儒林傳序》也這麼說：

> 有晉始自中朝，迄於江左，莫不崇飾華競，祖述虛玄，擯闕里之經典，習正始之餘論，指禮法為流俗，目縱誕以清高。

又干寶《晉紀》亦曰：「學者以莊老為宗而黜六經，談者以浮薄為辯而賤名檢，遂使憲章弛廢，名教頹毀」，異口同聲的皆以「賤經尚道」是風俗敗壞的開始，認為此風不可長。由於「貴無」論者本乎老莊，「闡貴無之議，建賤有之論」，

〔註1〕范寧〈罪王何論〉云：「王、何蔑棄典文，不遵禮度，游辭浮說，波蕩後生，飾華言以翳實，聘繁文以惑世，搢紳之徒，翻然改轍，洙泗之風，緬焉將墜。」《晉書‧范寧傳》，頁1984。

一賤「有」,「則必外形,外形則必遺制,遺制則必忽防,忽防則必忘禮,禮制弗存,則無以爲政矣」(〈崇有論〉),今欲救之,故須「破貴無之議,建崇有之論」,此於是從貴無之流弊破起,而後向上推到思想層次,以「有」代「無」。此從現象下手,再上溯思理,乃顯眞切非隔靴搔癢,裴氏非不能於形上探索也,不爲也。因爲先揭露了貴無造成如此嚴重之後果,則其餘不足觀也,即使貴無之思理再高,也一無可取矣!上面不憚其煩的引用批判貴無泛濫之流弊的文字,無非在印證裴頠〈崇有論〉之作,乃有因而爲,非逞一時口辯也。要之,〈崇有論〉爲與當時貴無派展開之「劇辯」,屬政治社會、禮樂教化之理,〔註2〕與當時站在儒學立場,主張以社稷爲重而駁斥貴無流弊者等觀,惟其不止於此而已,又能從形上思理建立「實有」之理者。裴頠之後一批儒林務實之士,相繼著論或奏疏以斥虛玄放蕩,罪責八達、王衍、阮籍;進而糾何、王之扇虛無,並上溯而廢莊非老,此循「崇有」以來之正言讜論,可歸之爲「反玄」一系。

第三節　有、無之辯端

　　在裴頠之前,有楊泉者,直斥「虛無之談,尚其華藻,此無異春蛙秋蟬,聒耳而已」(〈物理論〉),此逕以虛無之談不足取,以當時貴無之流弊猶未顯著也。至王衍之徒,「聲譽太盛,位高勢重,不以物務自嬰」,天下靡然從風,矜高浮誕,遂成風俗之時,流弊就大了,試想以一累居顯職之後進領袖,唯談老莊,雅咏玄虛,口不論世事,既無忠蹇之操,多營三窟之計,其影響有多大耶!而其政事不壞者也幾希?況且,王衍又是善於論辯者,其論辯中一旦義理有所不安,隨即改更,世號「口中雌黃」,他對何晏、王弼的玄學貴無論備加推重,據《晉書・王衍傳》稱王衍甚重何、王之「貴無論」,且加推闡之而扇玄虛之風,造成士風之敗壞。

　　裴頠憑其當時號稱「言談之林藪」的辯才,於清談的場合,標出「崇有」的主張,而與「貴無論」者一較勝負,結果雖招來層層攻難,都不能將裴頠駁倒。〔註3〕於是「貴無論」者乃請出善於狡辯之玄學領袖,貴無宗師的王衍

〔註2〕　劉邵《人物志・材理篇》云:「質性警徹,權略機捷,能理煩速,事理之家也。質性和平,能論禮教,辯其得失,義理之家也。」即以法制正事爲事之理,禮教宜適爲義之理。

〔註3〕　〈裴頠傳〉:「王衍之徒,攻難交至,并莫能屈」,《晉書》頁1047。

親自出馬與之論辯，這才使裴頠小有所屈，但也未能真正屈服他，因為換了別人執王衍之理來難裴頠，又被裴頠扳回劣勢了。可見王衍非以正理取勝，而以辭求異，這種辭勝者僅能屈人之口，而未能服人之心。據《晉諸公贊》言：「裴頠談理，與王夷甫不相推下」（《世說新語‧文學》11 注引），又據〈樂廣傳〉言：「廣與王衍俱宅心事外，名重於時，故天下言風流者，謂王、樂為稱首焉」，樂廣即時與裴頠論辯而未能占上風者，此從〈裴頠傳〉所言：「樂廣嘗與頠清言，欲以理服之，而頠辭論豐博，廣笑而不言」可知。裴頠不僅理具淵博，且贍於辯才，〈裴頠傳〉言其另有〈辯才〉一文，謂「古今精義，皆辯釋焉」，惜未成而遇禍。是裴頠雖善辯而未以辯為事者，其辯為釋事本、定正理，非苟為辯也。《世說‧文學篇》11 載：「中朝時，有懷道之流，有詣王夷甫咨疑者。值王昨已語多，小極，不復相酬答，乃謂客曰：『身今少惡，裴逸民亦近在此，君可往問。』」是王衍私下亦推服裴頠也。裴頠〈崇有論〉經與玄學勝流較勝不輸後，乃成世之名論，據臧榮緒《晉書》云：

> （裴頠著〈崇有論〉），世雖知其言之益治，而莫能革也。朝廷之士，皆以遺事為高，四海尚寧，而有識者知其將亂矣。而夷狄遂淪中州者，其禮久亡故也。（《群書治要》引）

可知〈崇有論〉在當時曾引起大家之注意，但是眾人也僅止將此文當作談理觀之，未能正視其拯救時弊之初衷，徒賞其理具耳，所以〈崇有論〉並未發揮「流衍」的結果，使社會崇尚務實，儒業重整。就是說〈崇有論〉僅止於口耳之間，而未付之實踐也。

　　還有一個問題，即據《魏志‧裴潛傳》注引陸機《惠帝起居注》云：「（頠）著崇有、貴無二論，以矯虛誕之弊。」那麼，裴頠除〈崇有論〉之作外，另有〈貴無論〉。然本傳未及之，是遺佚耶？不得無疑。以「崇有」與「貴無」明顯對立，何以裴頠既主「崇有」又主「貴無」，豈不矛盾？則裴頠亦如王衍之「口中雌黃」，隨義改更，為辯而辯，如《世說‧文學》38 所載：

> 許掾（詢）年少時，人以比王苟子（脩），許大不平。時諸人士及於法師並在會稽西寺講，王亦在焉。許意甚忿，便往西寺與王論理，共決優劣。苦相折挫，王遂大屈。許復執王理，王執許理，更相覆疏，王復屈。

那麼裴頠祇是一位負其才辯，可論「崇有」，亦可執「貴無」，更相覆疏，全無立場，了無滯礙，而不在「建事定理」者，此豈裴頠之儒學性格？此那裡

是破虛無之弊之立意？

那麼，我們是否就否定裴頠有「貴無」之著作呢？就說這是誤衍呢？倒可不必。因為記載裴頠著有〈崇有〉、〈貴無〉二論的，尚有晉人孫盛之〈老聃非大賢論〉，其言曰：

> 昔裴逸民作崇有、貴無二論。（《廣弘明集》卷五）

又《晉諸公贊》亦云：

> 頠疾世俗尚虛無之理，故著崇有二論以折之。（《世說・文學》12 注引）

孫盛明言有「崇有」、「貴無」二論；而《晉諸公贊》雖未明點有「貴無論」，但也肯定除〈崇有論〉外，另有一文批判虛無之理者，那麼很可能他有「貴無」之作，而與〈崇有論〉互相發明，目標皆在對付貴無的。然而，我們是否以其亦針對「貴無」而發，為保持其一貫宗旨免產生錯覺，給人有矛盾之感，當劇改為「崇有」、「賤無」論〔註4〕耶？此又不必。今有論此問題者，言〈崇有論〉中有論「貴無者」，此即貴無論也。〔註5〕是《晉諸公贊》所言之「崇有二論」祇是一篇文章，而其中有論及貴無者耳，該文中論到貴無足以塞爭欲、收流遁、去繁偽，而以莊老「以無為辭，而旨在全有」，仍不悖「崇有」之宗旨也。此亦言之成理，自亦可說；然不知裴頠既矯虛誕，而建崇有之論，故須有破有立，夫論如析薪，貴在破理，崇有乃立己說，中有論貴無者，亦僅證成其有，從未以無為貴也，那麼，「貴無」論當純破「貴無」者矣。然另有可言者，按清談以辯「有無」為基本，其或可偏於「有」，但絕不能失於「無」，否則不謂之「玄」矣。則裴頠之「貴無」，或應為何、王「貴無」的進一步發展，下啟向、郭「玄」的菁華，此愈能定其在玄學上之地位。

第四節　以「無」旨在「全有」

因為「貴無論」者聲勢強大，故在進行論辯時，設身處地，先為論敵立數義，以下其盛銳，扶其本指，然後再逐一破之。因為人之常情，同則相解，反則相非，未能扶其本指，則一交鋒，已見鉏鋙矣！所以，須善於推情，先順其旨，因其能，以示其同，使之情通意親，然後談說有所從矣，這在說理

〔註4〕如清・王懋竑《讀書記疑》卷七。

〔註5〕余嘉錫《世說新語箋疏》云：「頠〈貴無論〉即附〈崇有論〉後，……不知〈崇有〉祇一篇，安得謂之二論乎？」頁201。也就是說在〈崇有論〉中包含此兩方面。

上是極重要的，今裴頠亦能善用之，先說同以入之，捭以開之，再縱飛箝之辭，令不得脫，再予瓦解，茲嘗試論之。

　　裴頠並不是對貴無之說作簡單的否定，他先肯定「貴無之論」有其時代意義，即在對治貪奢淫欲上，有其功勞。因爲當時貴遊門閥及統治階級都競尚奢華，貪饕不饜，如何曾、何劭父子之豪奢，「帷帳車服，窮極綺麗，廚膳滋味，過於王者」，「食日萬錢，猶曰無下箸處」（〈何曾傳〉）王濬奢侈不節，於平吳後，「玉食錦服，縱奢侈以自逸」（〈王濬傳〉）；賈謐「負其驕寵，奢侈踰度，室宇崇僭，器服珍麗，歌僮舞女，選極一時」（〈賈謐傳〉）、任愷「縱酒耽樂，極滋味以自奉養，……一食萬錢」（〈任愷傳〉）、石崇「財產豐積、室宇宏麗。後房百數，皆曳紈繡，珥金翠。絲竹盡當時之選，庖膳窮水陸之珍」（〈石崇傳〉）與任愷爭豪奢，以蠟弋薪，作錦步障五十里等（〈石崇傳〉）、羊琇「性豪侈，費用無復齊限，而屑炭和作獸形以溫酒，洛下豪貴咸競效之。又喜遊讌，以夜續晝。」（〈羊琇傳〉）、王濟「性豪侈，麗服玉食，時洛京地甚貴，濟買地爲馬埒，編錢滿之，時人謂爲金溝。」（〈王濟傳〉）……，權貴奢侈貪濁太過，如鮑敬言〈無君論〉中所斥的：「壅崇寶貨，飾玩台榭，食則方丈，衣則龍章，……採難得之寶，貴奇怪之物，造無益之器，恣不已之欲」，弄得民凍且饑，幾不堪命的情況，爲了止淫欲、收流遁，老聃清靜之道正足以救此弊，故貴無之興起是有其背景的，〈崇有論〉云：

> 人之既生，以保生爲全，全之所階，以順感爲務。若味近以虧業，
> 則沈溺之釁興：懷末以忘本，則天理之眞滅……是以申縱播之累，
> 而著貴無之文。將以絕所非之盈謬，存大業之中節，收流遁於既過，
> 反澄正於胸懷，宜其以無爲辭，而旨在全有。

此伸入「貴無」之陣地，搴其旗，易其幟，爲己說張目也。他認爲奢華太過須有所減省節制，但減省節制之最終目的也是在「全生」，以免累害。此以「無」爲辭而旨在「全有」也。他又說：

> 若乃淫抗陵肆，則危害萌矣。故欲衍則速患，情佚則怨博，擅恣則
> 興攻，專利則延寇，可謂以厚生而失生者也。

過分強調情欲之滿足，以致於「欲衍情佚」、「擅恣專利」，用老聃之說足以塞爭欲、簡繁禮。〔註6〕他說：

〔註6〕此可參照戴逵〈放達爲非道論〉所云：「道家去名者，欲以篤實也，苟失其本，又有越檢之行。情禮俱虧，則仰詠兼忘，其弊必至於本薄！」又王坦之〈廢

老子既著五千之文，表摭穢雜之弊，甄舉靜一之義，有以令人釋然
自夷，合於《易》之《損》、《謙》、《艮》、《節》之旨。

老子主張少私寡欲，令人心釋然自夷，與《易》之《損》：「君子懲忿窒欲」；
《艮》：「君子以思不出其位」；《謙》：「勞謙君子萬民服」；《節》：「當位以節，
中正以通」之義互相發明。在此，裴頠先是以老莊「貴無」旨在「全有」，又
言老子之道不悖儒家《易經》之理，其書中頗言「無」，是有「因」而然，決
非虛無，因為老子正言若反，決不能以表面說無，就以為他果真崇尚虛無。
在此，裴頠於肯定「有」之前提下，承認「無」的存在，然亦僅以「無」在
「全有」。

到此，裴頠已暗中占了貴無之據點，然後循旨漸攻之。他認為貴無之效，
止於消極的止淫欲，收流遁而已，至於積極方面建立起政治社會秩序及人生
努力方向，則是不夠的。所以若將「無」誇張太過，而將「節欲」誇大為「絕
欲」，「節用」說成「以無用為貴」，而鼓吹虛無，見到淫欲之禍而激起另一極
端—絕欲，矯枉過正的將一切行為皆加以否定，而大暢虛無，這又是因噎廢
食了。〈崇有論〉云：

悠悠之徒，駭乎若茲之釁，而尋艱爭所緣，察夫偏質有弊，而觀簡
損之善，遂闡貴無之議，而建賤有之論。

這又是偏蔽了，〔註7〕裴頠說：「若謂至理信以無為宗，則偏而害當矣。」誠
如向秀〈難養生論〉所云的：「富貴之過，因懼而背之，是猶見食之有噎，因
終身不餐」；又說：「夫人含五行而生，口思五味，目思五色，感而思室，飢
而求食，自然之理也，但當節之以禮耳」。因為「盈欲可損而未可絕有也，過
用可節而未可謂無貴也」（〈崇有論〉），當養生太過，造成「累」、「害」時，「損」、

莊論〉：「夫自足者寡，故理懸於羲農，徇教者眾，故義申於三代。……先王
知人情之難肆，懼違行以致訟，……故陶鑄群生，謀之未兆，每攝其契，而
為節焉。……天下之善人少，不善人多，故莊生之利天下也少，害天下也多。」

〔註7〕 李充〈學箴〉云：「老子云：『絕仁棄義，家復孝慈。』豈仁義之道絕，然後
孝慈乃生哉？蓋患乎情仁義者寡而利仁義者眾也。道德喪而仁義彰，仁義彰
而名利作，禮教之弊，直在茲也。先生以道德之不行，故以仁義化之，行仁
義之不篤，故以禮律檢之，檢之彌繁，而偽亦愈廣。老莊是乃明無為之益，
塞爭欲之門。……故化之以絕聖棄知，鎮之以無名之樸。聖教救其末，老莊
明其本，本末之塗殊，而為教一也。人之迷也，其日久矣，見形者眾，及道
者尠，不覩千仞之門，而逐適物之跡，逐跡愈篤，離本愈遠，遂使華端與薄
俗俱興，妙緒與淳風並絕……懼後進惑其如此，將越禮棄學，而希無為之
風，見義教之殺，而不覩其隆矣。」

「節」之乃事所必須，但不能「絕」、「無」，否則亦無以為生矣。現在貴無論者，即將「無」誇大而無所不無，〈崇有論〉云：

> 蓋有講言之具者，深列有形之故，盛稱空無之美，形器之故有徵，空無之義難檢，辯巧之文可悅，似象之言足惑，眾聽眩焉，溺其成說，雖頗異此心者，辭不獲濟，屈於所狃，因謂虛無之理，誠不可蓋。唱而有和，多往弗反，……於是文者衍其辭，訥者讚其旨，染其眾也。

「無」之流衍，以其「無徵」，很投當時玄學家之口味，於是就假借「無」，以利其放恣。於是「上及造化，下被萬事，莫不貴無」，「乃號凡有之理，皆義之埤者，薄而鄙焉」（〈崇有論〉），一時凡倚杖虛曠，依阿無心者，皆名重海內，這種不正常的現象皆緣貴無論者錯解老莊之「無」為「空無」、「虛無」。於是主張言不如默、一事不做，至此，「貴無」成了浮虛、頹惰者之護身符矣。

第五節　以「有」為本

　　裴頠建「崇有」之論，其基本思想，本是針對慕何、王的王衍而發，但以何、王祖述老莊，暢「貴無」，主張「以無為體」的本體思想，為糾貴無而賤有之流弊，乃代之以萬物「以有為體」之學說。本來，老子之道是「有」、「無」兩種屬性之統一，至王弼、何晏側重於本體「無」之發揮，此固配合著當時玄學之要求，他先將「無」絕對化為「道」之代名詞，然後強調「有」之偏無自足，須以「無」為本，明標以「無」為「本」，「有」為「末」，而主張若欲全有，必反於無，如《老子·四十章》注：「天下之物，皆以有為生。有之所始，以無為本」，此印證「有」以「無」為本。現在裴頠先否定「無」之超越性地位，他說：

> 夫總混群本，宗極之道也。方以族異，庶類之品也。形象著分，有生之體也。化感錯綜，理跡之原也。

此以「宗極之道」即是天地萬物之總括而探溯其本源。萬有依照本身之質性而歸類，如哺乳類、節肢類；每類自異於他類，而各各有其存在之理，而統之，萬物之總原理即是「實有」之「理」，離開萬物斷無此「理」。如郭象〈齊物論注〉所說的：「故天者，萬物之總名也」，此否定造物主之存在，故以「天籟」乃「眾竅比竹之屬，接乎有生之類，會而共成一天耳」，它只是自然物總

合之理，非神乎其神，足以役物以從己者。

其次，就萬物分殊言，則物從其類，各有不同之形像、性分，各個具體之存在物本身，而因所禀偏無自足，須憑乎外資，是以每個分殊之個體間，彼此聯系，互補相資，相依相待，互為條件，在錯綜複雜之感應中，表現出來各種形跡，究其脈絡，尋出理律，欲認識外在事物、體認生命，必識此「理」，然「理」之憑藉，必本於具體存在物──「有」，此〈崇有論〉所云的：「是以生而可尋，所謂理也，理之所體，所謂有也」，那麼捨「有」無以識「理」，決沒有凌駕於萬有之上而存在之理，理祇是具體物間交互感應為錯綜變化之因果秩序而已。

然後裴頠又說到：「有之所須，所謂資也，資有攸合，所謂宜也，擇乎厥宜，所謂情也。」既然每個具體事物之存在須賴乎他物，萬物彼此相依待，須擇其適合自己之所需，此乃所謂的情。就是思想感情，亦為與外物接觸而產生。裴頠從現象世界本身中揭示萬事萬物所以能存在之原因，否定「貴無論」者之「萬物恃無以生」之論調，他落實到生活之資具上講，而不在精神上找超越根據。

從而，裴頠建立崇「有」反「無」之論，否定「無」作為萬物之本體，否定「無」有生化萬物之功能與作用，他說：

> 夫至無者，無以能生，故始生者，自生也。

萬物如何產生耶？持實在論的裴頠，認為「至無」即是絕對的空無，就是一無所有，既然一無所有，如何能生天地群物？那麼萬物之產生乃是「自生自化」，非由「他生」，此無形中已否定「無能生有」的說法。既然裴頠認為「無」是對「有」而言，「無」是「有」的消失、虧損，或謂「有」之「不存在」，也就是「沒有」，既是「沒有」，則什麼也不能產生作用的，故「無」決不能生「有」。既然萬物自生，非無所生，萬物之自生是以自身的存在（有）為本體，萬事萬物以「有」做為自己哲學之最高範疇。此〈崇有論〉所云的：「自生而必體有，則有遺而生虧矣，生以有為己分，則虛無是有之所謂遺者也。」郭象《齊物論注》云：「將使萬物各反所宗于體中而不待乎外」，即此「自生必體有」之理也，因為「無則無生」，今萬有各有生，有生之實，必證其「有」，體有用有，唯「有」乃能做為萬物之依靠，此顯然以「有」代「無」矣。

裴頠既以「無」為「虛無」（無所有），此從根本上否定「無」之絕對性、永恆性、至上性，故不能做為萬物之實體，能做為萬物根據的必是「有」。則

「有」包括改變環境以利生存的心識、思想，也是「有」。「貴無」者以精神為體，為無，現象事物為用，為有，王弼《老子‧三十八章》注云：「形器，匠之所成，非可以為匠」，何晏〈道論〉亦云「事而為事，由無以成」，貴無論者藉「制事由心」、「制器須匠」以論證「有生於無」，但裴頠則言：「心非事也，而制事必由于心，然不可制事以非事。謂心為無也；匠非器也，而制器必順于匠，然不可以制器以非器，謂匠非有也。」意謂制器的手和做事之心思，皆為「有」，也是有為，唯「有乃能濟有」，虛無是決不能做為萬物依靠的，其能成事，做萬物依靠者，則此「無」必非「無」，雖無形無名亦必是「有」。世界之本質是「有」，萬事萬物皆生於「有」，賴以存在的條件也是「有」，運動變化的根據還是「有」，即若「心」這種精神現象仍是「有」，「有」之外便不會有一與「有」相對之「無」。

裴頠以「無」為「一無所有」，實非「貴無」所言無名無象，真實圓滿之本體存在也，故其以現象之實有對治超越本體，其說未為得也。

第六節　無為不足以成事

裴頠「崇有」，故主張有為，他認為無為根本不足以成事，因為貴無派主張因任自然，不造不施，使人少私寡欲，則天下自定，「無為」竟有如此之妙用，故與其「有為」之不賅不備，何如清靜無為。今裴頠欲破此說，乃宣言「無為」是什麼也不管事的，「無」是絕不可能產生「有」來的！〈崇有論〉云：

> 故養既化之有，非無用之所能全也；理既有之眾，非無為之所能循也。是以欲收重泉之鱗，非偃息之所能獲也；隕高墉之禽，非靜拱之所能捷也；審投弦餌之用，非無知之所能覽也。

欲成就一件事，無論是養生，或心識活動，皆是「有為」，偃息靜拱是什麼事也辦不成的，如不投餌則釣不到深水的魚，不張弓發射則打不落高牆上的鳥，所以他說：「濟有者皆有也，虛無奚益於已有之群生哉？」此破貴無論者以「無」之以為用也。

他又認為立言在乎達旨，有益於時，甚且為了「崇濟先典，扶明大業」，言之猶恐不及，怎能靜默呢？他是認為言可盡意的，是以統治者要謹慎於教育，不能貴無。他說：

> 是以君子必慎所教，班其政刑，一切之務，分宅百姓，各授四職；

能令稟命之者不肅而安，忽然忘異，莫有遷志，況於據在三之尊，

懷所隆之情，敦以爲訓者哉！斯乃昏明所階，不可不審。

此肯定語言教化也。《論語・子路》中言：「君子名之，必可言也，言之，必可行也，君子于其言，無所苟而已矣。」故有講言之具者，立言訓俗，不可不愼也。其次裴頠強調處官「當親所司」，爲政在「綏理群生，訓物垂範」，須貴尚「功烈之用」；立身則首重廉操，砥礪品行，此皆標榜有爲，肯定現實禮制教化，及上下尊卑之序！人之持生，須有爲乃能濟事，他說：

惟夫用天之道，分地之利，躬其力任，勞而後饗。居以仁順，守以

恭儉，率以忠信，行以敬讓，志無盈求，事無過用，乃可濟乎！

此以儒家之治糾端委搢紳之坐擁殿堂，高談無根也。他強調積極入世，利用自然資源，勤於人事，以謀生活所需，舉凡維生、立身，皆待有爲。那些「仕不事事」、「不勞而餉」者，祇是社會之寄生蟲而已！如王衍平時「口不論世事，唯雅咏玄虛」，及將死，始嘆曰：「向若不祖尙浮虛，戮力以匡天下，猶可不至今日。」（《晉書・王衍傳》）無爲之弊，亡身且敗國，能不惕乎？故裴頠認爲當「有所爲而爲」，即若老子之言「無」，也是爲了止淫欲、收流遁之有「爲」，而決不是虛無，什麼都不做的。故裴頠之強調有爲，實足以振衰起弊。

第七節　于有非有，于無非無——稽中定務

裴頠〈崇有論〉是與〈貴無論〉之往返辯難，爲了攻人，也爲了防人來攻，故提出「于有非有，于無非無」之說，此亦代表裴頠之人生觀。

祇因爲「人之既生，以保生爲全」，保生須待外物，但若追求外物太過，貪得無饜，落到「欲衍情佚，擅恣專利」，是可謂「厚生而失生者」，爲對治此弊，故舉老子靜一之義，強調物質生活當有節制與減省。此即「寶生存宜」也。〈崇有論〉云：

是以賢人君子，知欲不可絕，而交物有會。觀乎往復，稽中定務。

在與外物交接時，推考以求一「中」，不過分與不及，因爲太過了，此〈崇有論〉所云的：「若乃淫抗陵肆，則危害萌矣，故欲衍則速患，情佚則怨博，擅恣則興攻，專利則延寇」，即若人之情緒反應亦當「順感」，不能沈溺，因沈湎則釁端將起。裴頠知覺到「動之所交，存亡之會」，凡過分則失度，社會的平衡和諧之機制，也就難以維護。如此將使貴無論者有了藉口，反激成「絕

欲」，大肆宣揚貴無；夫絕欲者，「外榮華，去滋味，游心於寂寞，以無為為貴」（嵇康〈與山巨源絕交書〉）幾乎不食人間烟火，此「不病而自災，無憂而自默，無喪而疏食，無罪而自幽」（向秀〈難嵇康養生論〉）者，終功不答勞，得少失多，實非健康的人生態度！流衍的結果，更否定實有，沖決禮教，幾凡一切名物制度一概否定之，豈不是又造成與「崇有太過」相反的「無事不虛」之蔽？二者皆是「偏質」，足以「害當」，甚至動搖國本！故「節欲」可也，「絕欲」則未言其可！

所以裴頠為免落「貴無」論者之口實，而主張「于有非有」，於人之所欲，求之以道，節之以禮，無盈謬、無擅恣，此即「志無盈求，事無過用」也；同時，為免絕欲、貴無太過，流於虛無，於人生全無把捉，於行事上，全無責任感，居官無官官之事，處事無事事之心，故主張「于無非無」。因為「于有而有」，則縱欲貪得反害生命；「于有非有」，乃能知所節制而合理的保全生命；「于無而無」，則過分超脫，因噎廢食，覤簡損之善，遂貴無「賤有」，否定一切，弄到外形、遺制、忽防、忘禮的地步；唯「于無非無」，則稽中定務，寶生存宜。如此，乃為最合理之人生。這樣乃可避過貴無之攻擊，且可攻人，此是進可攻，退可守之計，亦是建立儒家中庸之道之人生觀也。

第八節　「崇有」系之方法論——言盡意論

「崇有論」之方法論，必然以「言盡意」為依歸，以「貴無」崇尚「本體」，本體是「不可知」，故否定認知；「崇有」講實然之「有」，有可認知，故肯定語言的功能，裴頠〈崇有論〉云「立言在乎達旨」、「有益於時，則惟患言之不能」，又云：「心非事也，而制事必由於心，然不可制事以非事，謂心為無也……」，此為循名核實之論，故裴頠乃屬「言盡意」派。

又歐陽建之名論——〈言盡意論〉，此文從「認識論」觀點批判了貴無之不可知論，為反玄學之有力論文，可與裴頠〈崇有論〉同觀，故此處援以為〈崇有論〉之方法論的佐據。

歐陽建〈言盡意論〉在破玄學虛無之弊方面，是有積極之意義的。因荀粲倡「六經為糟粕」，此忽略名言的功能與價值，在學問上，他們標榜形而上之「無」，在立身行事方面則遺形取神，從而以放縱為高雅。於是清談家莫不引「言不盡意論」以為談證，以利其放蕩越禮。歐陽建〈言盡意論〉肯定語

言功能，此實崇有派攻擊貴無派之論也。

　　歐陽建強調認知對象之客觀性，他將言意關係還原爲認知主體與認知對象的關係，而以事物形色（認知對象──實物）爲第一性，而名稱符號爲第二性者，他以現象界之實在性爲無可疑者。爲人類認識之對象的存在物，雖本獨立於吾人之認識之外，然若此存在物未經人類之稱名，則此存在物祇是孤零零之一物，別無意義可言，無意義之物，則雖有若無，蓋語言之興起即爲了交通情感，宣達思想，有語言概念則萬有乃成爲有意義者，道理不藉助語言則無以暢快表達，形色由比較而確定，若不給予名稱則不能區別，所以名言乃不可廢者。所謂「理得於心，非言不暢，物定於彼，非名不辯」也。

　　歐陽建又言：「言不暢志，則無以相接，名不辨物，則鑒識不顯，鑒識顯而名品殊，言稱接而情志暢也。」物既先於名稱而存在，故存在物本無名稱可言，物有某名，乃人爲之，在未有名稱之前，你怎麼稱呼它都可以，它不必然是如此之稱謂。名稱之立，乃人類利用各種符號就該存在物之形相及其規律（理），加以形容、規定、約定俗成，而有今之名稱，因爲名言概念，依附於存在物，故名言與其所指之實間，爲一一對應之關聯，就好像聲响、形影之不能分割，此〈言盡意論〉所云：「欲辨其實，則殊其名，欲宣其志，則立其稱，名逐物而遷，言因理而變，此猶聲發响應，形存影附，不得相與爲二，苟其不二，則無不盡也。」牟宗三先生論此能「盡」實之言，必爲「外延」、「形而下」、可道世界，誠如其起論時所標的「形」「色」之部份，此確然爲「恰當相應」之「盡」。至於「內容眞理」爲微妙隱晦者，實言所不能至筆固知止者也。《莊子‧秋水》云：「夫精粗者，期於有形者也，無形者，數之所不能分也、不可圍者，數之所不能窮也。」言「盡」意與「不盡」意的論爭焦點在一「盡」字，也就是是否一一對應，然而歐陽建並未論證能盡之道理，對言不盡意論又無反駁，故非有力之文；他以「聲」發響應，形存影附之喻來說明言可盡意，此實反證言「不盡」意，因爲響與影較諸聲、形已較模糊，不具體，並不能「如實」。

　　其次，歐陽建又偷天換日的將全篇論證的「名逐物而遷、言因理而變」的命題，在末尾忽提出「言盡意」的結論，二者並無必然的因果關係，因爲言語隨著意的變化而變化，名稱盯住事物的遷改而遷改，但名、言是否能「完全」將物、意表達出來，是另一回事。同時，他以「理和言」同「物和名」的關係相提並論是不恰當的，因爲他所稱的理指「識鑒」之事，識鑒乃主觀

的認識範疇，而非客觀的規律而言，所以不能比附。

　　歐陽建以現象界之一切為自存的實有，是本然的存在，他不受吾人之知性概念、認識心的影響，它是獨立的存在，歐陽建「以實貴名」，名生于實，名實間是一一對應之關係，正名即正實，名只是符號，對於「實」乃無施無為者。那麼「古今務於正名，聖賢不能去言」是為什麼呢？因為言語才使世界之實有成為有意義，苟有其實而無其名，則雖有而若無，以其未能加以分辨，也不能在人與人間產生溝通理解，則對該實有不能起應——無概念，此實有則不可思議，故名言未得則心知莫施也。

　　歐陽建在最後道出其〈言盡意〉之說曰：

　　　原其所以，本其所由，非物有自然之名，理有必定之稱也。欲辨其
　　　實，則殊其名，欲宣其志，則立其稱。名逐物而遷，言因理而變，
　　　此猶聲發響應，形存影附……吾故以為盡矣。

夫存在物本如如的存在著，本無其名，其所以存在之理（構成之理）亦本無稱，名稱之有，乃人類假借各種符號來代表（或說明）存在物之性相及其構成之理者，而符號與概念之結合乃人為而非自然，故亦非固定，乃約定俗成。但對於實物之概念，則須受實物內容的制約。名言之設，在為暢志辨物，為稱接相喻，概念之內容全由存在物給與，則名言與所指之實的關係，則為一一對應的。名實既是不離，那麼言可盡意矣，其不盡，只能說有「實」而未「名」，名之必盡也；反之，有「名」而無「實」，這是此名超過實，成了虛名，空名，此超過之部分及無意義者，所以歐陽建堅持「苟其不二，則無不盡」也。然歐陽建此盡乃外延真理，為可一一對應者，這也是當時正名思想之產物。

小　結

　　〈崇有論〉在當時為世「名論」，〔註8〕至於得失，晉人孫盛在〈老聃非大賢論〉中已批評道：

　　　昔裴逸民作〈崇有〉、〈貴無〉二論。時談者或以為不達虛勝之道也，
　　　或以為矯時流遁者，余以為尚無既失之矣，崇有亦未為得也。……
　　　彼二子者不達圓化之道，各矜其一方者耳。

〔註8〕《世說·文學》12 注引《惠帝起居注》云：「頠著二論，以規虛誕之弊，文詞
　　　精當，為世名論。」《箋疏》頁 201。

孫盛以有、無乃稱謂之殊名，於聖致則一，故兩皆未爲得。其後梁・劉勰在《文心雕龍・論說篇》中又論到：

> 夷甫、裴頠，交辯於有、無之域，并獨步當時，流聲後代。然滯有者，全繫於形用；貴無者，專守於寂寥；徒銳偏解，莫詣正理。動極神源，其般若之絕境乎？

以此王衍代表貴無，是能辨別王弼與王衍之差別者。而以有、無二者皆未得「正理」，至般若經典之掃除有、無對立，宣揚「即體用，即有無」，「不有不無，即有即無」之中觀實相，乃爲究竟義。

裴頠以「總括群有」之「實有」之理作爲萬物之憑藉，萬有統一於此「實有」，〈崇有論〉言：「形象著分，有生之體」、「理之所體，所謂有也」，於是「有」取代「無」爲萬有之憑藉，他認爲「無」是「沒有」，是「有」的「不存在」，故無不能生有，「有」自生，但何以生則不明，必待郭象「獨化」論乃解決，獨化是不知所以然而然，自然而然的變化也。裴頠否定在萬有之外、之上有一絕對體存在，而將本體拉到萬有本身之中，即「實有之理」不離於萬物，萬物偏無自足，須假外資，物物交互依存，在交往過程中，有跡可尋，憑跡定理，理存乎萬有交往之中，非憑空而來。此注重萬有本身，有可取處。

同時，「崇有」論在對治虛無之弊方面，強調「有爲」，以濟有者皆有，肯定現實禮法制度之合理，此於人生、社會、政治上皆有積極建設性之意義，而大有益於世道人心者，其說代表著當時儒學派對玄學派的反攻！然而虛玄放誕者雖一直在名教陣營的糾彈下，卻仍我行我素，未曾稍戢其風。〔註9〕

〔註9〕 自何曾斥阮籍以下，如伏義、傅玄、裴頠、傅咸、嵇含、杜夷、干寶、陳頵、應詹、熊遠、江惇、孫盛、范寧、王坦之、戴逵、陶侃、卞壼、庾翼、劉琨等都斥浮僞。

第四章　郭象之「獨化」思想

前　言

　　向、郭注《莊》，使莊周不死！其妙演奇致，令讀之者無不超然有振拔之情，〔註1〕而清辭爛發，自可與莊書並轡而馳，從向、郭注出後，居高壟斷，成了莊子的無上詮釋者，其重要性可想可知。《晉書・向秀傳》云：

> 向秀……清悟有遠識，少為山濤所知，雅好老、莊之學。莊周著內
> 外數十篇，歷世才士雖有觀者，莫適論其旨統也。秀乃為之「隱解」，
> 發明奇趣，振起玄風，讀之者超然心悟，莫不自足一時也。惠帝之
> 世，郭象又「述而廣之」，儒墨之跡見鄙，道家之言遂盛焉。

當時解莊者有數十家，却以「顯解」而莫得旨統，故皆未及向秀隱莊之絕倫；郭象取秀注本，益以其他版本，釐為三十三篇，凡義與秀注同或相近者，則直接引錄，或稍改字句，有向義不足者，則或刪裁或稍補述之；其有義異者，則廢秀注而另發議論，向秀未注而自己特有神會者，亦衍繹之，今秀義零落，郭義亦已非全貌。據吳士鑑、劉承幹之《晉書斠注》云：

> 考劉孝標《世說》注引〈逍遙遊〉向、郭義各一條，今本無之，〈讓
> 王篇〉惟注三條，〈漁父篇〉惟注一條，〈盜跖篇〉惟注三十八字，〈說
> 劍篇〉惟注七字，似不應簡略至此，疑有所脫佚。

向、郭二人俱為莊子專家，各有發明，而郭象廣秀義而述之，義理愈加圓熟。

〔註1〕劉孝標注《世說》引〈竹林七賢論〉云：「秀為此義，讀之者無不超然，若已
　　　出塵埃而窺絕冥，始了視聽之表。有神德玄哲，能遺天下，外萬物。雖復使
　　　動競之人，顧觀所徇，皆悵然自有振拔之情矣。」《箋疏》頁206。

〔註2〕明‧高窆取二家注之足以羽翼莊氏而獨行天地間者八十一章,命之曰「翼莊」,其妙處之夥可知也。又明‧馮夢禎《序歸有光南華真經評注》中云:

> 注莊者,郭子玄而下凡數十家,而精奧淵深,其高處有發莊義所未及者,莫如子玄氏。蓋莊文日也,子玄之注月也,諸家繁星也,甚則爝火螢光也。……昔人云:「非郭象注莊子,乃莊子注郭象」,知言哉!

魏晉自覺意識高張,玄談清辯之風普扇,而當時騁才尚辯者,多早慧夙知之貴遊才俊,他們厭煩瑣而趨簡易,憑靈光智悟以究天人、通三玄,其於傳統經典、諸子百家則未能精研深究,也因此,而能掃空依傍,推陳出新,他們雖不自作子書,却在注解經文時,披露自己的思想;他們每每不守本經章句,好立異說,或取足以證成己意者,別出心裁的借題發揮;或不惜扭曲原作之意以自圓其說,說他們脫離原典而獨立,為一部完整子書,實亦不為過。

　　宋‧朱熹主張注解經文,但求發明其辭,使人玩索經文,理皆在經文內,若果長篇大論的說道理,則容易走失古籍的本義,與本旨全不相照,《朱子語類》卷一百零三中說:「蓋解經不必做文字,止合解釋得文字通,則理自明、意自足,今多去上做文字,少間,說來說去,只說得他自一片道理,經意却蹉過了」,〔註3〕也就是長篇申論,縱或有新解,却是捨本逐末,以其使後人不看本經,只讀注,經其誤導,錯觀本經之旨,而迷惑後人,其罪不為小也。況且,刻意依附古籍之注解去說己意,不惜橫奪本經以證成自己的說法,此借他人酒杯,澆自己塊壘者,未可言得計。朱子說:「自晉以來,解經者,却改變得不同,王弼郭象輩是也。漢人解經,依經演繹,晉人則不然,捨經而自作文。」(《朱子語類》卷六十七) 又云:「莊老二書,解注者甚多,竟無一人說得他本義出,只據他臆說」(《朱子語類》卷一百二十五),朱子並不反對學者讀古書,有了新見解,而抒發己意,另立新說。但他儘可以離開古籍,獨自發揮,却不可依附注解去說自己心中主觀的道理,也就是說注疏須闡發古書中的道理,順其語意,看出血脈貫通而詁訓之,字斟句酌,稱輕等重,於所不知,則當闕疑,未敢率意曲說。假若增字解書,削足適履,強古人以

〔註2〕《世說》言:「向郭二莊,其義一也。」郭象抄襲向秀,歷來意見紛紛,除文字外,文義亦多因襲,但述廣處亦不少。

〔註3〕〔宋〕黎清德編、王星賢點校《朱子語類》(北京:中華書局,1986 年),頁2607。

就己意,這即使說千說萬,却與本旨全不相干。郭象注莊,雖使莊周流行,然宗杲引其弟子無著說:「曾見郭象注莊子,識者云却是莊子注郭象」,〔註4〕夫就發明本義言,理應是郭象注莊子,今郭象憑藉注莊之便,抒發一己主觀之心意,自不免貽「莊子注郭象」之譏矣。故熊十力於《讀經示要》中示郭象之注「以華辭自飾,所得實少」,此言去莊子本旨遠也。錢鍾書《管錐編》亦云:「晉人之於老莊二子,名曰師法,實取利便,藉口有資,從心以撟,長惡轉而逢惡,飾非進而煽非,晉人習尚未始萌發於老莊,而老莊確曾滋成其習尚。」然若眞能參莊子之玄義,則當有不同的認取。《世說・言語篇》98載:「司馬太傅齋中夜坐,于時天月明淨,都無纖翳。太傅歎以爲佳。謝景重在坐,答曰:『意謂乃不如微雲點綴。』太傅因戲謝曰:『卿居心不淨,乃復強欲滓穢太清邪?』」今郭注如浮雲隱微,若遮清空,使莊子精義隱然不彰,難以掌握,因爲經其意無意之導引,徒增繳繞;且因其說深入人心,使後人誤以《莊子》爲衰世嫉時之作,此實莊之罪人也。那麼,即使莊注美言絡繹,足以飾人之心,易人之意,然於莊生透宗之義,終隔一層。

雖則如此,向、郭《莊》注仍有很大的價值,因爲向郭對莊子別有會心,敢於演繹,此固是郭注本色所在。此自鑄偉詞,另翻新義,雖爲歧出,然可謂是再創造。其巧發玄義,豁醒慧命,甚有清辭遒旨,解玄之功,固是王弼之亞!

綜合論之,讀莊注首先須有兩點認識,第一是向、郭《莊注》代表魏晉普遍思潮,時代意識特別濃厚,也就是說,《莊注》是在魏晉特殊的文化、政治、社會背景下,在清談玄理極盛的風氣中,所攫取把握的莊子思想;是爲了融通儒道二家義理、解決自然與名教之矛盾所蘊育的思想,其與原始道家之莊子,已有距離,所以我們祇能稱《莊注》是「魏晉的莊子」。第二點要認識的是向、郭《莊注》是向郭在魏晉時代風氣的大氛圍裡,參與談辯,爲了取一坐之勝,不惜扭曲莊旨,標新立異,而不一定是理源所歸,所以,倘有一更精的道理標出,往往就被取代了,〔註5〕想向、郭隱義,或多出談辯求勝,

〔註4〕 〔宋〕大慧宗杲著、雪峰蘊聞編《大慧普覺禪師語錄》,《佛光大藏經》(高雄:佛光出版社,1994年),頁444。

〔註5〕 《世說・文學》32:「莊子〈逍遙篇〉,舊是難處,諸名賢所可鑽味,而不能拔理於郭、向之外。支道林在白馬寺中,將馮太常共語,因及逍遙。支卓然標新理於二家之表,立異義於眾賢之外,皆是諸名賢尋味之所不得。後遂用支理。」《箋疏》頁220。

迎合大眾脾胃需要而產生。向、郭俱善言老、莊，其逍遙義專擅勝場必定有一段時間，據《世說·賞譽》32 載郭象語議如懸河瀉水，在談坐上陳張甚盛，〔註6〕其口辯既是一時名家，思致必也不群，而注《莊》能於舊義外爲之妙解，想其間必有關聯性在。

　　另有一端，向、郭二人先是都不願仕進，後來都變節出仕，其中或有隱情，有不得不出仕者，然像郭象之在職事權，熏灼內外，這種仕隱無常，前後言行互異，其內心不能沒有衝突。於是不得不利用一種說法，以辯護其宗旨反覆，出處變易之弱點，這樣，他們既可享朝端之富貴，又可存林下之雅遠，安然無所愧矣。向、郭「遊外以冥內」之論，實欲蓋彌彰的透露這種消息。所以向、郭《莊注》又是魏晉時代思潮籠罩下，向、郭所認取的《莊子》，吾人又稱之爲「向、郭之《莊子》」。

　　因爲向、郭注已非莊子的附庸，而具有很深的時代意義，那麼，吾人欲索向郭精義，從而肯認其價值，則必須放在魏晉那個時代，「設其身以處其地，揣其情以度其變」。如此乃稱「辨曲識眞」矣。因爲據《晉紀·總論》云當時「悠悠風塵，皆奔競之士」，然他們又是多麼在乎「清雅」一目，於是儘多端委搢紳，坐擁殿堂玉璽，一邊却手握玉柄麈尾，學作「爾馨語」，在此風氣下，自然很容易孕育一種「終日揮形而不害神氣」，宣言「名教即自然」的阿世哲學來。當然，我們也不能說郭象是「賣論求官」，從而對其所作低昂深淺之論加以貶價，我們祇在提醒著，那是魏晉的產物！

　　郭象諸說，多玄思智悟，屬玄學名理範疇，他將莊子講「圓」了，講成內聖外王之道，固調和了儒道之衝突，向郭之妙演奇致，大暢玄風，使沈寂數百年之莊周復活（雖已變質），就這一點，郭象實爲莊子的功臣矣。要知，某一個時期之復興某一種學說，而不是另外一種學說，這是與那個時代的政治社會背景，息息相關的；而在復興的過程中，也不可能「全盤接受」，一定會按照當時需要加以改造，我們正可以從其改造的程度及方向，上窺其所折射的那個時代之各種風貌，這就是本論文之所由作也。

〔註 6〕　《世說·文學》19：「裴散騎娶王太尉女。婚後三日，諸婿大會，當時名士，王、裴子弟悉集。郭子玄在坐，挑與裴談。子玄才甚豐贍，始數交，未快。郭陳張甚盛，裴徐理前語，理致甚微，四坐咨嗟稱快。王亦以爲奇。謂諸人曰：『君輩勿爲爾，將受困寡人女婿！』」《箋疏》頁 209。《文心·論說篇》亦言：「宋岱、郭象銳思於幾神之區。」

第一節　「自生獨化」論

郭象《莊子注》改造與綜合了當時「貴無」與「崇有」二派的觀點，而自成一圓熟的哲學體系，在他手中儒、道得到溝通，有、無冥合，自然名教亦不二矣！郭象的整個思想體系就建立於其「自生獨化」之說上，〔註7〕而「自生獨化」說又以「有」為最基本的概念。先是裴頠為了破「貴無」論者之以「有」始於「無」，而提出「崇有論」，否定無能生有，他認為萬物自生，而「自生必體有，有遺而生虧」，「虛無」是實有的消失、虧損，故對於萬有是一無所能的，郭象沿用了裴頠對「有」的理解，視萬有為絕對存在，否定「無」的造物主地位，但也有改造，即不以「有」生「有」，而主萬有自生獨化。此屬內因論，茲述其說：

（一）崇　有

郭象注莊，反對「無」能生「有」，他說：「無既無矣，則不能生有」（〈齊物論〉注）「若無能為有，何謂無乎？一無有則遂無矣」（〈庚桑楚注〉）他將無產生有之間的接線斬斷，還萬有以獨立自足的地位。因為他以「無」即是虛無，一無所有，即是不存在；而有，即是存在，除了「有」之外，別無任何實體。在萬物本身之外，再也找不到什麼造物主，萬有皆是一個個永恒的存在，皆是合理的。而無呢？既是不存在，怎麼能無中生有的產生有來呢？如能生有，就不能稱之為「無」了。〈人間世注〉云：

> 言必有其具，乃能其事，今無，至虛之宅，無由有化物之實也。

「無」既是「至虛之宅」，則空無所有，那能化物呢？故無祇是「有」的否定詞，別無其他意義與作用，所以無不能生有，而「有」自然如如的存在。〈大宗師注〉云：「無也，豈能生神哉……功何足有，事何足恃哉？」又〈天地〉注亦云：「一者有之初，至妙者也，至妙故未有物理之形耳。夫一之所起，起於至一，非起於無也。」無既是空無，等於零，即使在未有物理之形時都不能說是由無所生，所以，無對什麼也無能為力的。故〈則陽〉注云：「物之所有，自然而然耳，非無能有之也。」可見其所說之「無」即無所有，此「無」

〔註7〕郭象否定造化者之存在，則天地間，一切皆自爾圓成，由茲推演，而有「適性」說，無論大小、貴賤、美醜，祇要稱能、當分、適性即逍遙；而認知亦以「性分」為前提，性分內則能知，其外則不能知，性得而齊，無是無非，冥於群異；而合乎性分之「為」稱為「無為」，養生亦在當分適性上等等，其學說實本「自生」說為基礎。

非實體。

　　郭象既解莊子之「道無所不在」為「所在皆無」（〈大宗師注〉），「至道者乃至無也，既以無矣，又奚為先」（〈知北遊注〉），是無既無矣，則不可能先於有而成為萬有之根源，故他說「自古無未有之時而常存」「天地常存，乃無未有之時」（〈知北遊注〉），從來也沒有一無所有之時，是天地常存，萬物常有，萬物不被創造，亦不變滅，「一受其成形，則化盡無期」（〈田子方〉注），是永恆的存在，至於一般所理解的宇宙本體——天或道，亦不過是萬有的加和，亦是「有」。然「有」作為萬有整體性存在的稱謂概念，定可視為唯一的超越性實體，而有其獨立自存性。

　　但郭象之「有」，不像裴頠之以「有」可生「有」，「濟有者為有」，因為若果有能生有，則「有」便具有創生的主宰性，那萬有何能自然而有呢？且「有」也祇能一物生一物，根本不可能一有生萬有；又如果一有能生萬有，則此「有」與能生萬有之造物主奚異？此「有」豈不是也具有實體性格，這那裡是他所了解的物質性存在呢？所以他說：「請問：夫造物者，有耶？無耶？無也，則胡能造物哉？有也？則不足以物眾形。」（〈齊物論注〉）若「無」能為「有」，怎麼叫「無」呢？而有，既同是形色之物，固未足以相生也。有、無既都不是造物主，則萬有不能是被生，也就無外在理源為其根據之可言，那麼，萬有是如何產生的呢？郭象說本來就是「自有」，〈田子方注〉云：「初未有而欻有，故遊於物初，然後明有物之不為而自有耳。」〈庚桑楚注〉亦云：「夫有之未生，以何為生乎？故必自有耳，豈有之能有乎？此所以明有之不能為有，而自有耳」，〈知北遊注〉也說：「夫身者，非汝所能有也，塊然而自有耳」，「有」不是產生於「無」，也不是有所能有，是萬物「自有」，這是郭象否定造物主後必然的推論，〈齊物論注〉又云：「萬物萬情，趣舍不同，若有真宰使之然也，起索真宰之朕跡，而亦終不得，則明物皆自然，無使物然也」，宇宙間無一操縱萬物之有意志的真宰存在，故「有」自「有」，此「有」一方面是萬物具體之存在，一方面又是萬物可以自然如此存在的超越性抽象概念，郭象將二者看成是一回事，那麼此「有」是很神秘、曖昧的。

　　（二）自生自造

　　郭象為了論證「無不能生有，有亦不能生有，有祇是自有」而擬設了許多名詞，以表明萬物之獨立、絕對的存在。首先我們看「自得」，〈大宗師〉注云：

道，無能也，此言得之於道，乃所以明其自得耳。自得耳，道不能
使之得也，我之未得又不能爲得也，然則凡得之者，外不資於道，
內不由於己，掘然自得而獨化也。

〈天地〉注亦云：

無不能生物，而云物得以生，乃所以明物生之自得，任其自得，斯
可謂德也。

既無能使之得者，故得之不能不得，唯有任其自得。又曰「自成」，〈秋水〉
注云：

知道者，知其無能也，無能也，則何能生我，我自然而生耳，而四
肢百體，五藏精神，己不爲而自成矣，又何有意乎生成之後哉？

這裡也強調「不爲」、「無意」，是沒有目的，順之而已。又曰「自行」，〈天運〉
注云：

無則無所能推，有則各自有事。然則無事而推行是者誰乎哉？各自
行耳。

無推之使行者，却不越軌跡而自行。又稱「自建」，〈天下篇〉注云：

夫無有何所能建，建之以常無有，則明有物之自建也。

自建、自成是萬物之成爲萬物，不靠外來而自己完成。又稱「自爾」，〈天運〉
注：

夫物事之近，或知其故，然尋其原以至乎極，則無故而自爾也，自
爾則無所稍問其故也，但當順之。

「自爾」是「無根無門」的，沒有原因或目的，自然就是這樣，不可捉摸，
不必追問其故的。由之而推出「自生」的概念。按「自生」一概念，自《淮
南子》已用之，王充《論衡‧自然》也曾說過：「天地合氣，萬物自生」，後
來向秀也用到此說，裴頠、郭象皆受向秀的影響，以自生非「爲」生，是自
然無目的的生，其生不在身外，而在自身之中。〈齊物論〉注云：

夫天籟者，豈復別有一物哉？即眾竅比竹之屬，接乎有生之類，會
而共成一天耳。無既無矣，則不能生有，有之未生，又不能爲生，
然則生生者誰哉？塊然而自生耳。自生耳，非我生也，我既不能生
物，物亦不能生我，則我自然矣，自己而然，則謂之天然。天然耳，
非爲也，故以天言之。所以明其自然也，豈蒼蒼之謂哉？

〈天地〉注亦云：

> 初者，未生而得生，得生之難，而猶上不資於無，下不待於知，突
> 然而自得此生矣，又何營生于已生，以失其自生哉？

〈在宥篇〉注也說到：

> 窈冥昏默，皆了無也。夫莊老之所以屢稱無者，何哉？明生物者無
> 物，而物自生耳。自生耳，非為生也，又何有為於已生乎？

窈冥昏默，並不是神之又神的，說穿了不過是「了無」罷了，就是「一無所
有」，而老莊之說「無」，正欲明「有」。〈齊物論〉注又云：

> 大塊者，無物也。夫噫氣者，豈有物哉，氣塊然而自噫耳。物之生
> 也，莫不塊然而自生。

以大塊為無物，此否定創生意甚明。所以郭象以萬物欻然自生，而未有一生
生者，〈齊物論〉注云：「故天者，萬物之總名也，莫適為天，誰主役物乎？
故物自生而無所出焉，此天道也」，天地自生，非鬼神所生，此曰「不生之生」，
自生耳，是「不知所以因而自因」（〈齊物論〉注）的，這是「將使萬物各反
所宗於體中而不待乎外」也。郭象又提出「自造」一詞，〈齊物論〉注云：

> 故明眾形之自然而後始可與言造物耳。……故造物者無主，而物各
> 自造，物各自造，而無所待焉，此天地之正也。

郭象於〈莊子注序〉中亦言：「上知造物無物，下知有物之自造」也，先肯定
一有，而有乃自造，無「造之」者，故〈齊物論〉注云：「明眾形之自物，而
後始可與言造物」，唯其自生自造，絕對之「有」乃得以確立，這是就事物發
生的形式說的。

（三）自然無待

　　萬物的產生，都是自然而然，不知所以然而然的，是無故而然的，沒有
「使」它如此的，是無為而非有為的。「自然」一概念在《莊子注》中有多種
涵義，在宇宙生化上，與郭象之專有名詞自爾、自生、自造、自主、自成、
自建、自得、自有相近，指萬物「生化過程」，順任天然而產生，未有外力趨
使，亦無支配者。它不同於王弼、何晏、夏侯玄等以自然為「道」者。〈齊物
論〉注云：

> 彼，自然也。自然生我，我自然生。故自然者，即我之自然，豈遠
> 之哉？

又云：「物皆自然，無使物然也」；〈知北遊〉注亦云：「皆不得不然而自然耳，
非道能使然」，同樣的說法又見於〈則陽〉：「此物之所有」條下注：「皆物之

所有，自然而然耳，非無能有之也」；又〈逍遙遊〉注：「天地以萬物爲體，而萬物必以自然爲正，自然者，不爲而自然者也。」自然即物之自爾，萬物以「自然爲正」，也就是萬物之「性」是自然，自然即天然，即自己如此，所以〈齊物論〉注云：「謂之天然。天然耳，非爲也，故以天言之，所以明其自然也。」〈山木〉注亦云：「凡所謂天，皆明不爲而自然。言自然而自然矣，人安能故有此自然哉？自然耳，故曰性」。郭象以萬物皆「自然」而生，凡生也必以自然爲「性」，這種「性」就如「天命」之無可奈何，我們祇有因順之而不爲，那麼此自然可以說是「必然」了；但另一方面，它又是不知所以然而然的自然，此自然又是「偶然」的，「任」自然，就如「唯命之從」般，不可改變，無可奈何的，則自然之性對於萬物又是一種限制了，因爲祇能順應自然，隨其變化而變化，是不可逃，不可加，亦不可逆者！

　　至於「無待」呢？「待」是條件，無待就是無條件，物物自生自足，不以他物爲其生的條件，也就是物與物互不依待，因爲一有依待，則必有資之濟之者，那麼此資濟者就成了受資受濟者的存在依據，這樣郭象之否定造物主、只承認一如如的存在、以萬物獨立自足的說法就要站不住腳了。〈齊物論〉：「吾所待，又有待而然者邪？」郭象注云：

> 若責其所待，而尋其所由，則尋責無極，而至於無待，而獨化之理明矣。

又注「吾有待而然者邪」云：

> 言天機自爾，坐起無待。無待而獨得者，孰知有故，而責其所以哉？

郭象爲堅立其物自生自造之說，將萬物內、外之憑藉全數掃空，還物自造而「一無所待」焉，於是強以「罔兩非景之所制，而景非形之所使，形非無之所化」（〈齊物論〉注），每一個事物間的關係皆無待於外，孤立的存在著，而萬物能體性分之自足無待，順任之而不求，各安其性，則可無厝心於其間，得與物冥矣。

　　（四）獨　化

　　獨化亦是對造物者的否定，是指萬物自身能無所憑藉地生成變化。郭象以萬有皆是有其獨立的自存性，否定造物者做爲萬物變化之推動者，而主張萬物「獨」自生生化化。也唯有至乎「無待」，而「獨化」之理可明，是獨化的先決條件是無待，有待則非「獨」化矣。〈寓言篇〉注云：

> 推而極之，則今之所謂有待者，卒至於無待，而獨化之理彰矣。

此即前引〈齊物論〉注所云的：「若責其所待，而尋其所由，則尋責無極，而至於無待，而獨化之理明矣」也，任何事物推極其原皆無故自爾，皆爲絕對無條件的生生化化之個體，「外不資於道，內不由於己，掘然自得而獨化」（〈大宗師〉注），生生化化不待於外，此即內因論也。郭象在否定主宰者之後，特強調一「變化」之觀念，就憑萬物自足無待之條件，再加上「變化」不已，則萬物乃成就矣。那麼前面所云之自生自造、自得自成，是指萬物之造成，靠「自性」，不須外索造物的依據，自性就是萬物存在之依據；而「獨化」重點在「化」，即具備上面之條件，也祇是「潛能」，萬物之成其萬物，還賴「變化」這個動力，而「獨」字特明此動力非有外來推動者耳。〈知北遊〉注云：

> 非唯無不得化而爲有也，有亦不得化而爲無矣。是以有之爲物，雖千變萬化，而不得一爲無也，不得一爲無，故自古無未有之時而常存也。

「有」無論如何變化也不能變爲「虛無」，同理，「無」不管如何變化也不能產生「有」來，是萬物之生生化化，其終極原因不在事物之外部，而是事物本身運動變化的結果，這是求自身的統一也。

郭象說：「夫無力之力，莫大於變化者也，故乃揭天地以趨新，負山岳以舍故，故不暫停，忽已涉新，則天地萬物無時而不移也。」（〈大宗師〉注）他雖強調變化之力，但因否定造物主，使其「能動」失去「主動」而顯得軟弱無力，這是使他的「自然」陷於「命」定之癥結所在，郭象以事物憑自性而自生自造，而自性不可改變，如「命」之無可奈何，人唯有唯「命」是從，隨遇而安，隨變化而化了。

夫萬物若各安其性，則一無所待，其變化亦是獨立自足，如形、影、罔兩（影外之微陰），皆是獨立自足的絕對存在，一無所待，蓋有一物非獨立自足，則其他事物亦不可能獨立自足，每一事物若能充分發揮其「自性」，則爲其對其他事物之最大功用，故言：「相因之功，莫若獨化之至」（〈大宗師〉注），還物物自足獨化，是對「以無爲本」思想的進一步提煉。

（五）玄　冥

每一事物之能言自生自化，乃因其背後有一「天理」或「性命」爲根據，而此又爲不可知者，郭象爲了明示萬物「本身」功能而一再強調「自」生、「自」造、「自」有、「自」得、自「爾」……的「自」外，還爲了標示此自造自爾之物是說不出原因、目的，也沒有什麼條件的，乃使用了許多形容詞，如「塊

然」、「決然」、「突然」、「欻然」、「掘然」、「忽然」……等，這無非在說明物物之存在乃偶然的存在，此偶然，不知所以然的世界即是「玄冥」之境，〈刻意〉注：「常以純素，守乎至寂，而不蕩於外，則冥矣」，〈大宗師〉注云：「玄冥者，所以名無而非無也」，以物自物，無「物之」者，乃不可知，不能問其故，是混冥一片，無以究詰的，因為萬物既無因而生，掘然自生，忽爾而有，中間無必然規律可循，我們唯有「玄合乎視聽之表，照之以天而不逆計，放之自爾而不推明也」（〈齊物論〉注），玄冥是泯同無別，無跡可尋，萬物萬別，却不知所以別者，〈齊物論〉注：「凡此上事，皆不知其所以然而然，故曰芒也。今未知者皆不知所以知而自知矣，……萬物雖異，至于生不由知，則未有不同者也，故天下莫不芒也」；〈知北遊〉注亦云：「夫死者已自死，而生者已自生，圓者已自圓，方者已自方，未有為其根者，故莫知」，萬物構成，無根無門，莫見其始，莫知所終，故〈莊子注序〉中言：「神器獨化於玄冥之境」也！萬物不知其發生之原因與根據，即「玄冥」，那麼獨化境界本身即是玄冥，而標出「玄冥」，乃引入玄虛之境，故玄冥又稱「芒」，萬有在玄冥中統一。

綜上所述，知郭象由否定「無」之作為一個主宰性開始，付物以獨立自足之性，其生為自生，其化為自化，物物依自性而成物，是萬別而不知所以別，故有神秘不可知之「玄冥」境界。今反觀老莊之本體思想是怎麼樣的？

老莊本體思想一致，皆以「道」為真實，有信驗。老子更以「天下萬物生於有，有生於無」（《老子‧四十章》），他以「無」指無名、無象、無形，有指有形有象之萬物，而有為無所生；莊子本體思想承自老子，如〈庚桑楚〉言：「有乎出，有乎入，入出而無見其形，是謂天門。天門者，無有也，萬物出乎無有，有不能以有為有，必出乎無有」。〈大宗師〉中亦云：「夫道，有情有信，無為無形，可傳而不可受，可得而不可見，自本自根，未有天地，自古以固存，神鬼神帝，生天生地，在太極之先而不為高，在六極之下而不為深，先天地生而不為久，長於上古而不為老，狶韋氏得之，以挈天地，伏戲氏得之，以襲氣母……。」〈天地篇〉也有：「泰初有無，無有無名，一之所起，有一而未形，物得以生，謂之德……」知莊子之道，能運化生成萬物，現在郭象否定「無」能生「有」，以「造物者無物，物各自造」，這是從根本上改造了老莊思想。

郭象以萬物本身即是「體」，物外無體，本身之「自性」即是其存在之根據，此「自性」，即是決定該事物之如此生生化化者，故此自性乃如命之不可

逃、不可加，此郭象所云：「其理固當，不可逃也」（〈德充符〉注），又云：「不得已者，理之必然者也」（〈人間世〉注），〈寓言篇〉注云：

> 理必有應，若有神靈以致之也，理自相應，相應不由于故也，則雖相應，而無靈也。

自性與事物自身相應即是合理，理自相應，本然如此，是沒有原因的。所以他說「無靈」也。〈齊物論〉注：「凡物云云，皆自爾耳，非相爲使也，故任之而理自至矣。」按《莊子書》中，已將「理」與「道」連起來講，如〈秋水篇〉言：「知道者必達於理」；〈盜跖篇〉言：「不順於理，不監於道」；〈則陽篇〉言「萬物殊理」，其「理」固用乎與人事相對之「天理」（〈天運篇〉：「夫至樂者，先應之以人事，順之以天理。」）；亦以稱萬物加起來的通理（〈秋水篇〉：「爾將可與語大理矣。」），則理可爲絕對，亦可爲物之所具之一理，此理義實同於道之具超越性，又內在、分殊於萬物，使萬物各具圓滿具足之理。郭象注《莊》，取其內在性，主張理多而分殊；而超越性爲王弼所強調，王弼以此理爲必然之理，所以然之理，故《周易略例・明象》中謂「物無妄然，必由其理，統之有宗，會之有元」，此統宗會元之理實統繫萬物之「至理」，不僅爲「一」，且超越一切現象與特質，理之顯現，自不須依存於任何特殊之事物。而郭象多闡述理之分殊，以理爲自足，爲完全，如〈齊物論〉注：「物物有理，事事有宜」；〈逍遙遊〉注：「理有至分，物有定極」，一物之生必有一物之性、一物之理，故一切存在皆合理，此「自理」即是「至理」了，故〈達生〉注云：「性分各自爲者，皆在至理中來，故不可免也」，由「理」之解析，足以透顯郭象的思想體系。〔註8〕

第二節　「得性而齊」論

郭象《莊子注》中亦涉及認知之限制、事理的可知性及是非標準問題，這些都可統之爲郭象的認識論。

（一）性分之知

郭象之認識論亦深受「性分」說的影響，在「物各有性，性各有極」（〈逍遙遊〉注）的局限下，我們的認知能力亦不能超越天生性分之外，人的聰明或愚笨，皆各有本分，我們祇能認知性分之內的事理，性分爲認知之極限，

〔註8〕錢穆《莊老通辨》中有伸論王弼、郭象之「理」義。

凡在性分之外乃不可知，〈齊物論〉注云：「所不知者，皆性分之外也，故止於所知之內而至也。」人若追求性外之知，反喪失本眞，他說：「以有限之性尋無極之知，安得而不困哉？」（〈養生主〉注）又云：「不能止乎本性而求外無已，夫外不可求而求之，譬猶以圓學方，以魚慕鳥，雖希翼鸞鳳，擬規日月，此愈近彼愈遠實，學彌得而性彌失。」（〈齊物論〉注），求外無已，必弄得僞生而責多，自喪其天生自足的眞知。郭象以性分之知乃天生所具，不學而能，不思而得，這種不知所以知之知乃「眞知」。人當安於性分之知，任乎自知，〈大宗師〉注云：「夫知之盛也，知人之所爲者有分，故任而不強也，知人之所知者有極，故用而不蕩也。」又〈知北遊〉注云：「知之所遇者即知之，知之所不遇者即不知也。所不能者，不能強能也，由此觀之，知與不知，能與不能，制不出我也，當付之自然耳。」人之能知或不能知，皆本來如此，是那麼自然，不必去推明，不必去逆計的。

「知」由天生，爲天機自然，非自己所能左右，這種將人的認知能力說成爲自然「本能」，是被動的，否定了社會等人爲教育功能，於是後天學習的效果，也從而被否定了。他說：「物各有性，教學之無益也」（〈天道〉注），又言：「絕學去教，而歸於自然」，於是「知者守知以待終，而愚者抱愚以至死，豈有能中易其性者也」（〈齊物論〉注），必性中具有某種知識之「質」，才有認知那種知識的可能。學習的功效，止乎性內，並不能突破本性之藩籬，所以他說：「若夫知見可以欲爲而得者，則欲賢可以得賢，爲聖可以得聖乎？固不可矣！」（〈人間世〉注）多麼斬釘截鐵的否定非性分之跂尙，使其認知帶上先驗色彩，因爲他說「知止其所不知」而無纖介於分外。於此，郭象雖肯定性分的限制，但並不否定在物物之「性分」之內極力的追求，此亦未可忽略之。

那麼，郭象的學習可能成果，僅是就先天具有之性分較完善的表現出來而已，使闇而不彰者浮現耳！換句話說，是成全其性分。譬如鋼鐵具有成爲各種器用的可能，但是他本身不能成就之，尙待冶鍛使之成器；倘若本身不具某種潛能，雖加工亦不可能無中生有。所以他在〈列禦寇〉注中說到：「夫積習之功爲報，報其性，不報其爲也。然則學習之功，成性而已，豈爲之哉？」就好像穿井所以通泉，學習亦所以通性耳。他說：「夫穿井所以通泉，吟詠所以通性。無泉則無所穿，無性則無所詠，而世皆忘其泉性之自然，徒識穿詠之末功，因欲矜而有之，不亦妄乎？」（〈列禦寇〉注），郭象在這裡說得很明白，人須具有彼性，始能習彼，學習祇在掘性；使心中無其「質」（自然之性），

雖聞之亦不能有所攝取，則於我何有哉？他說：「由外入者，假學以成性者也，雖性可學成，然要當內有其質，若無主其中，則無以藏聖道也。」（〈天運〉注）學習祇能把本然之知加以反省體證，所以任知之功，不可傷其天機。若矜能妄作，則「逆其天機而傷其神器」（〈秋水〉注）矣。

（二）冥然而合

郭象本體思想標出「造物者無物，明有物之自造」，自造者內不由於己，外不資於道，突然而有，忽焉自生，不知所以然而然，沒有原因、目的，也沒有條件，以其無因無本，故不可認識；物物皆自然而然之生成變化，獨立自足無所資借，亦互不關聯，這種獨化之理具神秘性，乃不可知，所以我們祇能「放之自爾而不推明」（〈齊物論〉注）。因為客觀物質世界，皆莫名其妙的冒出來，無可究詰，不知其故，所以也無須去認識它，〈天運〉注：「夫物事之近，或知其故，然尋其原以至乎極，則無故而自爾也，自爾則無所稍問其故也，但當順之。」現實萬物，本來如此，圓者自圓，方者自方，皆不知其所以然而然。〈齊物論〉注云：「今未知者，皆不知所以知而自知矣，生者皆不知生而自生矣，萬物雖異，至于生不由知，則未有不同者也，故天下莫不芒也。」世之所知乃不知所以知而自知，此知即無知，〈大宗師〉注：「自知耳，不知也，不知也，則知出于不知矣……知出于不知，故以不知為宗。」此以不知為知，即所謂的「芒」也。芒者即「冥」也，郭象屢稱「獨化于玄冥之境」，可見玄冥之境是用來範圍「獨化」，使更加強其偶然性，而愈見其不可捉摸，物之生下來如此，乃無可奈何，故唯有冥然靜其所遇，無形跡可尋，亦不可改變，這都不是知識或言教所能及的。

性分乃天命所定，既不可知，但當「冥然自合」，〈齊物論〉注云：「夫物有自然，理有至極，循而直往，則冥然自合」，以天命無形跡，不知其所以然；唯賴心靈湊泊之，能以神秘之冥合體會天命或至理，乃得其樞要。冥然而合不待感官知慮，反而是閉目塞聰，「冥冥之中，獨見曉焉，無聲之中，獨聞和焉」（《莊子‧天地篇》），故郭象言：「凡得之不由於知，乃冥也」（〈知北遊〉注），又言「將任性直通，無往不冥」（〈人間世〉注），就在不識不知之中，冥於自然，物我皆忘，曠然與變化為體，「與物俱往而無所不應」（〈齊物論〉注），任乎己性以應物而循大變，「玄同彼我，泯然與天下為一」（〈人間世〉注）矣。誠如郭象自己所言的，此「冥然自合」的認識活動，乃神秘不可知的「芒」也，是取消知識後渾然無不通的境界。

（三）無是無非

對於是非（物論）的看法，郭象仍站在現象的觀點，輕易的否定是非。〈齊物論〉題注云：「夫自是而非彼，美己而惡人，物莫不皆然，然，故是非雖異，而彼我均也」，他認為是非的產生皆由「不見彼之所見，而獨自知其所知。自知其所知，則自以為是。自以為是，則以彼為非矣。故曰彼出於是，是亦因彼，彼是相因而生者也」（〈齊物論〉注）。人之情偏，受性分所限，自是而非彼，是以有是非的產生，其實「理無是非」，那麼，言是未必是，言非未必非，蓋「是若果是，則天下不得復有非之者也；非若信非，則亦無緣復有是之者也」（〈齊物論〉注），既然大家皆「同於自是，均於相非」，自是而非彼，乃「彼我之常情」，故在自是相非之「反覆相明」中，便可達無是無非之境地。他說「理無是非，而惑者以為有」，這明顯的已取消是非，故又言：「今欲是儒墨之所非，而非儒墨之所是者，乃欲明無是無非也，欲明無是無非，則莫若還以儒墨反覆相明。反覆相明，則所是者非是，而所非者非非矣。非非則無非，非是則無是。」（〈齊物論〉注）又言：「將明無是無非，莫若反覆相喻，反覆相喻，則彼之與我，既同於自是，又均於相非。均於相非，則天下無是，同於自是，則天下無非」（〈齊物論〉注），各人之是非，皆有其是非的道理，使各當分自得，則無是無非矣。他說：「儒墨之辨，吾所不能同也，至於各冥其分，吾所不能異也」（〈齊物論〉注）。又言：「今是非無主，紛然殽亂，明此區區者，各信其偏見而同於一致耳。仰觀俯察，莫不皆然。是以至人知天地一指也，萬物一馬也，故浩然大寧，而天地萬物各當其分，同於自得，而無是無非也。」（〈齊物論〉注）人人各師成心，各信偏見，惑心已成，「付之自當」，順是順非，玄同彼我，則「是非雖異而彼我均也」，這明明是以有是有非為無是無非，強不齊以為齊也。郭象最後要人各任己之是非，而不正人之是非，此所謂「自正」也，自正者，恣萬物之所是，任天下之所非，不求分辨是非，在性分自得之立場，不論誰之是非，皆自齊一。

（四）性得而齊

以萬物各有個性、各有本分，彼此間無法相比，無統一標準，故承認事物之如如存在，進而在自足其性下，否認「質」的差別，於是對於萬「物」之不齊，如大小、美醜、貴賤、智愚，甚至死生、夢覺，亦還之以獨立自足、各適一時，而達齊一均等。〈齊物論〉注云：「所謂齊者，豈必齊形狀，同規矩哉？故舉縱橫好醜，恢恑憰怪，各然其所然，各可其所可，則理雖萬殊而

性同得，故曰道通爲一。」一般皆以厲醜而西施好，但天生就是如此，是自然而然之「性然」，「物各性然又何足悲？」使物「各然其所然，各可其所可」，則「性同得」，而萬物齊一矣。貴賤亦然，郭象於〈齊物論〉注中云：「君臣上下，手足外內，乃天理自然，豈眞人之所爲哉？夫臣妾但各當其分耳，未爲不足以相治也。」至理盡於自得，站在「性分自足」之觀點上，「各止於其所能，乃最是也」，郭象就成形化跡之「性同得」爲無差別，故苟足於其性，智者安智、愚者安愚，實不能自貴而賤人的。所謂：「雖大鵬無以自貴於小鳥，小鳥無羨於天池，而榮願有餘」（〈逍遙遊〉注）矣。這樣，「長者不爲有餘，短者不爲不足，此則駢贅皆出於形性，非假物也，然駢與不駢，其性各足。」（〈駢拇〉注）此又見於「天地與我並生，萬物與我爲一」之注：

> 夫以形對，則太山大於秋毫也。若各據其性分，物冥其極，則形大未爲有餘，形小不爲不足。苟各足於其性，則秋毫不獨小其小而太山不獨大其大矣。若以性足爲大，則天下之足，未有過於秋毫也。……無小無大，無壽無天，是以蟪蛄不羨大椿而欣然自得，斥鷃不貴天池而榮願以足。苟足於天然而安其性命，故雖天地未足爲壽而與我並生，萬物未足爲異而與我同得。（〈齊物論〉注）

「各足性分」則毫末、丘山不得異其名，天地、稊米無所殊其稱，此將形相上相對的差別絕對化，以「安」於天性則無別，因「物物有理，事事有宜」，一切存在皆合理，豈容勝負於其間哉？〈知北遊〉注云：「各以所美爲神奇，所惡爲臭腐耳，然彼之所美，我之所惡也，我之所美，彼或惡之，故通共神奇，通共臭腐耳，死生彼我豈殊哉？」美醜死生各自任而分「定」，是以「生爲我時，死爲我順，時爲我聚，順爲我散，聚散雖異而我皆我之，則生故我耳，未始有得，死亦我也，未始有喪」（〈德充符〉注）放於「有喪」之下。死生覺夢，都是完滿自足，各適一時，是以「生時樂生，死時樂死矣，死生雖異，其於各得所願一也」（〈齊物論〉注），死生一也，則悅生惡死乃惑也，他說：「當所遇，無不足也，何爲方生而憂死哉？」（〈齊物論〉注）還生、死以獨立地位，則所在無不適志，「則當生而係生者，必當死而戀死矣」，是知夫有生而哀死者誤也！郭象以性足的觀點來齊大小、生死、美醜……「安」於所受，「靜」於所遇則同於一致。一切的差別，皆消融於「并生」、「同得」之中。此如閉著眼睛，無視現象之千差萬別，正所以反映當時貴賤等級之森嚴，而差別既無以改變，是絕對的，唯有「安之若命」，自我陶醉一番了。其

實郭象並沒有解決「物」與「物論」之不齊，因爲他光肯定現實之「實然」及物性之「自然」，在否定超越於萬物之上的「天」、「道」之後，呈現一體平舖，一切合理的狀況，混合了理想與現實，忽略莊子層層透視以獲得「眞知」，由眞知照徹「俗知」之虛妄的眞修實悟工夫，《莊子・秋水》言：「以道觀之，物無貴賤」，〈齊物論〉又言「聖人不由，而照之於天」，由「休乎天鈞」、「遊心於德之和」以得「道樞」、「環中」，而消解生死、成毀、彼此、是非等之對立，站在道體上，以靈智觀照物象，由上層形上境界往下照明了現象界，從而通貫消融界限；又提出「以明」之層層往上探索，終透悟而化解差別，有工夫有進境，這才完成最高的齊一，此豈郭象之順是順非爲無是無非，是非雖異而彼我均之「玄同」那麼單純耶？

第三節　「適性逍遙」論

《莊子書》開卷第一章，也爲莊子精思之輻輳，代表著莊子之慧命的就是「逍遙」，因爲它是通過其他各篇，尤其〈齊物論〉所述的破執顯眞之工夫而體現的，所以愈顯其「豐富的義趣」及「嚴肅的義理」。在這裡，王淮先生有精闢的闡述，其意以爲《莊子・逍遙遊》開宗明義以「鯤化鵬徙」之寓言，象徵著修道到成道的過程，亦即人生實踐涵養至「德性圓滿，智慧圓通，心靈解脫於世俗的名利得失，精神超越於現實的紛紜擾嚷，而在一種主觀方面無比充實，客觀方面絕對自由的情況下，成功地實現了人生崇高偉大的理想」，〔註9〕所以莊子的逍遙是修爲後之成果，必通過「無己」、「無功」、「無名」的修養工夫，否定世俗之知識、價值及種種習氣，將情知上的拘累盡然擺落之後，呈現之體化合變，與天地並生之大通境界。更仔細的說，逍遙境界是透過外天下、外物、外生、喪我、心齋、坐忘、朝徹、見獨以至「寥天一」的實修工夫而開顯的。（即有待→無己→無待）

然而，魏晉士人亦都醉心逍遙，但他們對「逍遙」之眞精神並沒有把握得住，却從現實生活領域去找，遺其神而從其跡，以做爲其放蕩形骸的藉口，從此莊子變作了沒落、頹廢的學說，而受人詬病。是莊子從超世絕俗的哲學，淪降爲「順世隨俗」之說，實從魏晉始。而郭象之注《莊》，時代色彩頗重，受時風的浸染很濃，在「個體自由」甚囂塵上、崇高理想式微的時代，他提

〔註9〕王淮先生〈郭象逍遙一觀念之檢討〉。

出「適性」逍遙之說，否定客觀價值之差別，鼓吹隨遇而安，認為人人皆可在「性分」所允許之範圍內，自適一時，而非「至人」的專利品。這樣上者大者不自貴而無壓迫役使之控制；下者小者無妄求之累冒上之亂，上下相得矣。郭象學說乃立基於「性分」上，「性分」乃萬物自身內在之規定性，性分乃與生俱來，如有九分、八分、七分之性分，各各不同，而牛有牛之性分，馬有馬的性分，人有人之性分，而人中又有聖、賢、才、智、平、庸、愚劣之不同，聖賢之為統治者，愚劣之為皀隸，皆性分之所然，不得不然，若能各任性分之適，則大鵬之奮飛九萬里，燕雀之搶榆枋，從表面上比其能，雖有明顯差別，而若回歸自性，則無別矣，則大鵬無以自貴，小鳥也無羨欲，各足稱性，逍遙一也。固知苟足其性則小大無別，而何有羨欲哉？

（一）逍遙以自然無待為基礎

郭象逍遙義，以「適性」、「當分」、「稱能」為逍遙，而「性」、「分」、「能」是生下來自然如此，是不為而自能的。〈逍逍遊〉「若夫乘天地之正」注云：

> 萬物必以自然為正，自然者，不為而自然者也。故大鵬之能高，斥鴳之能下，椿木之能長，朝菌之能短，凡此皆自然之所能，非為之所能也。不為而自能，所以為正也。

自然而然，不知所以然，郭象的自然義不過是現象上的「實然」，是現實的「已然」，此又稱天然，以其自己而然，本來就是如此。〈逍遙遊〉「南冥者天池」郭象注云：

> 非冥海不足以運其身，非九萬里不足以負其翼，此豈好奇哉？直以大物必自生於大處，大處亦必自生此大物，理固自然，不患其失，又何厝心於其間哉。

因大鵬翼大而難舉，故須摶扶搖而上九萬里乃足自勝，這是不得不然的，是必然的，非妄求可得的。此即郭象所云：「質小者所資不待大，則質大者所用不得小矣」（〈逍遙遊〉注），是以小大之辯，「各有自然之素」也。〈逍遙遊〉「之二蟲又何知」郭象注云：

> 夫趣之所以異，豈知異而異哉？皆不知所以然而自然耳。自然耳，不為也。此逍遙之大意。

大小異趣，所至不同，「或翱翔天池，或畢志榆枋，直各稱體而足，不知所以然也」，不知所以然，就是非有為，是自然無造作，自然則「性全」矣。〈知北遊〉「知能能而不能所不能」注云：

知與不知，能與不能，制不由我也，當付之自然耳。

又物物自然，皆是獨立的存在，莫不自爾，無使「然」之者，現實之存在即是自然，付之自然即是「順性」。郭象玄理中能依自然適性而為，其中固有實踐工夫，只因其無一超越己身外在之道，所以根本不需要一超越己身之外的實踐工夫，是以無法向理想的層次邁進，這樣的「自然」，實阻絕了提昇轉化的道路。郭象將「自然」拘限於「本能」，以本能的自然，即是萬物之「性分」，性分不可改變，改變反違眞失性，這無形中已將「人性之發揚加以封閉」，〔註10〕他沒有分清「物性」與「人性」，未能把握「自然」兩字之眞義，故無以契乎莊子之逍遙。

其次談到「無待」。

郭象分逍遙為二，即有待之逍遙與無待之逍遙。〈逍遙遊〉「小知不及大知，小年不及大年」郭象注云：

　　故遊於無小無大者，無窮者也：冥乎不死不生者，無極者也。若夫
　　逍遙而繫於有方，則雖放之使遊，而有所窮矣，未能無待也。

有待是「有方」，無待是「無方」，是「大方」，踏于大方及無所限制，才眞逍遙。又云：

　　夫唯與物冥而循大變者，為能無待而常通，豈自通而已哉，又順有
　　待者，使不失其所待，所待不失，則同於大通矣。

無待之逍遙，才是絕對的自由，有待的逍遙，因有條件，有依待而繫於一方，二者本有區別，此郭象所云的：「有待無待，吾所不能齊也。」（〈逍遙遊〉注）但二者各有性分，乃不得不然，雖有高下，但不是叫你由有待去追求無待，若追求之則有妄求之累。〈秋水〉「又奚以自多」郭象注云：

　　夫世之所患者不夷也，故體大者快然，謂小者為無餘，質小者塊然
　　謂大者為至足，是以上下夸跂，俯仰自失，此乃生民之所惑也。惑
　　者求正，正之者，莫若先極其差而因其所謂。所謂大者至足也，故
　　秋毫無以累乎天地矣，所謂小者無餘也，故天地無以過乎秋毫矣，
　　然後惑者有由而反各知其極，物安其分，逍遙者用其本步而遊乎自
　　得之場矣，此莊子之所以發德音也。若如惑者之說，轉以小大相傾，
　　則相傾者無窮矣，若夫觀大而不安其小，視少而自以為多，將奔馳
　　於勝負之境而助天民之矜夸，豈達乎莊生之旨哉？

〔註10〕見吳怡先生〈莊子逍遙境界的誤解〉。

若各「安其性分」「用其本步」，則二者皆適。此〈逍遙注〉所云：「理有至分，物有定極，各足稱事，其濟一也。若乃失乎忘生之主，而營生於至當之外，事不任力，動不稱情，則雖垂天之翼，不能無窮，決起之飛，不能無困矣。」站在性分自足的立場，適當的表現各有的性分，則有待與無待並無差別，以所作所爲，皆爲分內實當之事，名實得以相符，誰也不依待誰，「所遇斯乘，又將惡乎待哉！」（〈逍遙遊〉注）凡足於性，則無待固逍遙。有待亦逍遙；順性而往，則彭祖亦可，朝菌亦可；有待自有待，無待自無待，以無所不乘，則有待即無待。故郭象言：

> 有待無待，吾所不能齊也；至於各安其性，天機自張，受而不知，
> 則吾所不能殊也。夫無待猶不足以殊有待，況有待之巨細乎！

在「各安其性」之中，「冥」此群異，使異方同得而無小大之別，有待、無待既皆「自然」如此，「本來」這樣，祇要能安於性分之內，不羨於外，其於「適性」一也。在使萬物「各返所宗於體中而不待乎外，外無所謝而內無所矜」（〈齊物論〉注）的情況下，是同焉皆得的，而如何從有待而至無待，郭象則無交待而盡付「順之」。

（二）適性安命

郭象以事物之存在是根據各自的自性，由自性所規定的是「命」，〈天運〉注云：「命之所有者，非爲也，皆自然耳」；〈養生主〉注云：「達命之情者，不務命之所無奈何，全其自然而已！」知性命之必然，就是逍遙。〈逍遙遊〉注云：

> 命非己制，故無所用其心也。夫安於命者，無往而非逍遙矣，故雖
> 匡陳羑里，無異於紫極閒堂也。

所遇皆命，「死生存亡，窮達貧富，賢與不肖，毀譽、飢渴、寒暑，是事之變，命之行也。」（〈寓言〉注）能安於順逆之命，順小大之性，則無哀樂，豁然無滯，無往不適，不至於在此而憂彼。人間世「安之若命，德之至也」注云：

> 知不可奈何者，命也，而安之，則無哀無樂，何易施之有哉？故冥
> 然以所遇爲命，而不施心於其間，泯然與至當爲一，而無休戚於其
> 中，雖事凡人，猶無往而不適，而況於君親哉？

任乎自然，就如「唯命是從」，舉凡大小、貧富、貴賤、上下、美醜、智愚，及所遭遇之通塞，無非不可改之「性」、「命」，唯有委天順運、安分守命了。此固可安頓紛馳之情，却也是一種限制，以其祇有遭遇而無理想，安任而不

圖提昇轉化。郭象否定人之主觀的能動性，以「性之所能，不得不爲也，性所不能，不得強爲」（〈外物〉注），性不可逃，亦不可加，知之與能，皆非我所能制，故「知其小而不能自大，則理分有素，跂尙之情，無爲乎其間」（〈秋水〉注），以「跂尙」是悲累之情的主因，〈逍遙遊〉「楚之南有冥靈者」注云：

> 苟知其極，則毫分不可相跂，天下又何所悲乎哉！夫物未嘗以大欲
> 小，而必以小羡大，故舉小大之殊，各有定分，非羡欲所及，則羡
> 欲之累可以絕矣，夫悲生於累，累絕則悲去，悲去而性命不安者，
> 未之有也。

尋悲累之所以產生，緣於比較而有羡欲，而作性分外之追求，今若能「安」之若「素」，則去悲累痛苦而所在皆適。〈逍遙遊〉「物莫之傷」注云：

> 夫安於所傷，則傷不能傷，傷不能傷，而物亦不傷之也。無往而不
> 安，則所在皆適，死生無變於己，況溺熱之間哉？

肯定現實，知性分之「極」，夷神委命，不敢越雷池一步，是誠「安」矣，然提昇轉化也成了不可能。〈齊物論〉「不亦悲乎」郭象注又云：

> 群品云云，逆順相交，各信其偏見，而恣其所行，莫能自反，此比
> 眾人之所悲者，亦可悲矣，而眾人未嘗以此爲悲者，性然故也，物
> 各性然，又何物足悲哉？

不以囿於成形，陷於一物爲可悲，以物各「性然」，無可奈何，無可選擇，此即是命，即是理，是早被決定的，此「性分」不可改變之說，乃受才性論之影響：才性論者講「順氣以言性」，「性成命定」，如劉邵言人含元一之氣以爲質，稟陰陽以立性，〔註11〕氣有清濁多寡，故性有智愚、善惡，以此自然之生命，不可學，不可事；聖人特鍾純美，體具兼德，爲人倫之巨偉，殆非積學可致；至於偏材，各擅一材之勝，同樣是不能移轉的，人之成就，認知能力等皆受材質所限。郭象亦本以氣爲性、性成命定之說，言性分各自不齊，但不可改易。人若不安於本性，而摹仿別人，妄圖做他自己所不能做的事情，這就是「矯效」，矯效生於羡欲，矯效生則悲累至，固不得逍遙矣！

　　唯有順任性分，即爲逍遙。〈逍遙遊〉題注云：

> 夫小雖殊，而放於自得之場，則物任其性，事稱其能，各當其分，
> 逍遙一也，豈容勝負於其間哉？

〔註11〕劉邵《人物志・九微篇》云：「凡有血氣者，莫不含元一以爲質，稟陰陽以立性，體五行而著形」，由此開展爲多姿多采的人格類型，屬氣質之性。

凡自得其性即可逍遙，故堯舜、許由之行雖異，其於逍遙則一，〈逍遙遊〉注
又云：

> 夫大鳥一去半歲，至天池而息；小鳥一飛半朝，搶榆枋而止。此比
> 所能則有閒矣，其於適性一也。

按《莊子‧逍遙遊》云「之二蟲又何知」，莊子所指之二蟲乃蜩與學鳩，暗
示小知不明大道，而郭象則以此二蟲爲鵬與蜩，而以大鵬與小鳥皆能逍遙，
完全無視於莊子緊接的兩句話「小知不及大知，小年不及大年」（〈逍遙遊〉
注）。莊子以大小皆有待，唯有無待之眞人、神人始得徜徉於無何有之鄉、
廣漠之野。郭象則以大小皆適性，祇要安命、適性則人間樂國可得，是以一
再的提到苟足於性則「無以自貴」、「無所企羨」、「小大雖殊，逍遙一也」、「各
安其分則大小俱足」，這樣以「適」於性分，「靜」於所遇爲天下之至實，這
祇是自足於眼前，那裡是遊於無窮？是以「自足」來取消事物間本性上之差
別，又以「適性」來講逍遙，這種「自足」的逍遙，固可滿足眾人精神上的
勝利，彌補才性命定及門第森嚴之缺憾。然而這種隨遇而安，撿「便宜」，
被動的「適」，那裡是承體起用，大開大合的「至足」境界？縱然，他有「玄
同彼我」、「冥物循變」等看似化境的「圓融」之語，却祇是玩弄光景。由「適」
而「率」而「任放」，使超拔提起之智慧，順應因循爲自安眼前，這正是滑
向狂放、墮落的開始，魏晉名士之空有俊美玄言，行爲却難掩虛矯荒誕，癥
結就在此。〔註12〕蓋「氣」有清濁、多寡之分，故「性」有美惡、智愚，
才與不才之別，質性之差別與等級，皆由初稟決定，今一味的「順」之，將
成其惡行，而利其縱恣，此正是社會病患之所在。

（三）養生在「全理盡年」

郭象「適性」即逍遙之說，應用到養生，即是不越性分，任天而生，〈養
生主〉「吾生也有涯」注云：

> 所稟之分各有極也，夫舉重攜輕而神氣自若，此力之所限也，而尚
> 名好勝者，雖復絕脰，猶未足以慊其願……冥極者，任其至分而無

〔註12〕錢穆先生於《中國思想史》中言：「莊子理想境界在逍遙遊，不得已而始有人
間世，郭象則只想不離人間世而求爲逍遙遊，此已一謬；莊子以逍遙遊意境
而得齊物論智慧，亦以齊物論智慧而達逍遙遊意境，郭象則以齊物混同於逍
遙，於是大鵬斥鷃同等齊列，是謂再謬。」（頁142、143）此確爲剴切之評，
魏晉之士風不競，逃避現實，醉生夢死，多取莊子縱放、隨遇而安的一面。

> 毫銖之加。是故雖負萬鈞，苟當其所能，則忽然不知重之在身，雖
> 應萬機，泯然不覺事之在己，此養生之主。

能處性分之極而實當，是與「物冥」，則所作所為必和諧，身心不致累害，天
年亦得盡享，反之養之太過則傷生。〈養生主〉篇名注云：

> 夫生以養存，則養生者理之極也。苦乃養過其極，以養傷生，非養
> 生之主也。

可知郭象養生之意只在順任自然之道，過與不及皆違「居中」之「理」。故養
生之道無他，在「冥」於物，「全」其自然而已，不使「心神奔馳於內，耳目
竭喪於外，處身不適，而與物不冥」（〈人間世〉注），也就是「不務生之所無，
不務命之所無奈何」。郭象〈養生主〉注又云：

> 俯仰乎天地之間，逍遙乎自得之場，固養生之妙處也。

違生之情者，知道個體生命之限制，不逐名，以「名起則相札」，不用知，以「知
用則爭興」，一切恣其性內，無纖介於分外，這樣就能「自得」了，因為人之哀
樂生於得失，得失之心起則性情不安矣。〈養生主〉「古者謂之遁天之刑」注云：

> 感物太深，不止於當，遁天者也。將馳騖於憂樂之境，雖楚戮未加，
> 而性情已困，庸非刑哉？

又「安時而處順，哀樂不能入也」注云：

> 玄通合變之士，無時而不安，無順而不處，冥然與造化為一，則無
> 往而非我矣，將何得何失，孰死孰生哉？故任其所受，而哀樂無所
> 措其間矣！

順任自然，與「至當」為一，則哀樂不入，即使肢體不全，亦為性分中事，
而不使掛懷，悉皆付之無可奈何之命，〈達生〉注：「性分各自為者，皆在『至
理』中來，故不可免也，是以善養生者，從而任之」。〈德充符〉「是事之變，
命之行也」注云：

> 其理固當，不可逃也。故人之生也，非誤生也；生之所有，非妄有
> 也。天地雖大，萬物雖多，然吾之所遇，適在於是，則雖天地神明，
> 國家聖賢，絕力至知而弗能違也。故凡所不遇，弗能遇也，其所遇，
> 弗能不遇也；凡所不為，弗能為也，其所為，弗能不為也，故付之
> 自當矣。

人的生存，皆有「道理」，不違背這個道理，就是自然。〈德充符〉「然而不中
者，命也」注云：

> 夫我之生也，非我之所生也，則一生之內，百年之中，其坐起行止，
>
> 動靜趣舍，情性知能，凡所有者，凡所無者，凡所爲者，凡所遇者，
>
> 皆非我也，「理」自爾耳，而橫生休戚乎其中，斯又逆自然而失者也。

道理自然如此，不得不然，唯有付之自當。也就是以「理」化「情」，任「當」直前也，這樣的話，則可冥於物而無累害，全理在身而享盡天年，此即〈養生主〉「可以盡年」郭象注所云：

> 苟得中而冥度，則事事無不可也，夫養生非求過分，蓋全理盡年而已矣。

凡「得」乎性命之「理」者，就稱爲「懸解」。所謂得性命之理是不失其所、不失其度、不失其分、不失其節。按郭象「適性逍遙」義與「建言大道」的莊子逍遙義有本質上的不同，一爲「自足」，一爲「至足」；一爲安享眼前，認命苟安於現實，一爲超有限達無限的絕對自由，此不可不辨。

第四節　「遊外冥內」論

郭象注《莊》，背負了很重的政治包袱，這可以從《莊注》的比重中估量出來，也就是《莊注》中涉及政治思想的最多，也最凸出，當然，這是爲了順應時代需要，精心結構出的，如果我們能關照到當時士流一方面奔競仕途，執鈞當軸；一方面又倚杖虛曠，善言浮虛的這個事實，則郭象之有那一套套學說，也就不足爲奇了。

郭象爲了上媚權貴，〔註 13〕下撫百姓，故先承認現狀之合理，雖然我們知道，處在郭象那個時代，社會現實根本不可能合理，郭象看到莊子正是當時「顯學」，幾乎人人都讀它，都討論它，影響殊深且遠，於是他就從這本深入民心的「經典之作」下手，在注解這本書時，混淆莊子本義，提供搢紳一條既可安享權位富貴，又有清雅飄逸之名的路子；其貽「阿世哲學」之譏即此也。

（一）以君主制度為合理

在魏晉那個時代，同是演說莊子學說的，若阮籍、嵇康、劉伶、鮑敬言等，都不期然的引出「無君論」，對君主制度深致懷疑，甚至主張廢棄了人民

〔註13〕如〈天地〉注云：「夫至公而居當者，付天下於百姓，取與之非己，故失之不求，得之不辭……，是以受非毀於廉節之士，而名列於三王，未足怪也」。《莊子集釋》頁 423。

才有好日子過，他們對於那個時代的政治是極度不滿的，然而郭象，同樣是善談老莊，却引出「有君論」，肯定君主制度之不可缺，是合理的存在。〈人間世〉「無所逃於天地之間」郭象注云：

> 千人聚，不以一人爲主，不亂則散，故多賢不可以多君，無賢不可
> 以無君，此天人之道，必至之宜。

又〈應帝王〉「功蓋天下而似不自己」注云：

> 天下若無明王，則莫能自得，令之自得，實明王之功也。

〈齊物論〉注也說：「故知君臣上下，手足外內，乃天理自然，豈眞人之所爲哉？」又云：「夫時之所賢者爲君，才不應世者爲臣，若天之自高，地之自卑，首自在上，足自居下，豈有遞哉？」他以君臣之統治乃天理自然，不可改易；尊卑貴賤，也是不得不然的，此說很明顯的是針對「無君論」者而提出，這種說法是很投合當時秉政執權者的口味的。

　　（二）無心順有

　　有了君臣制度之肯定，則統治之行爲乃天理自然，不得不然。聖人之統治，乃無可推卸之理。〈逍遙遊〉「孰弊弊焉以天下爲事」郭象注云：

> 夫聖人之心，極兩儀之至會，窮萬物之妙數。故能體化合變，無往
> 不可，旁礡萬物，無物不然。世以亂故求我，我無心也，我苟無心，
> 亦何爲不應世哉？然則體玄而極妙者，其所以會通萬物之性而陶鑄
> 天下之化，以成堯舜之名者，常以不爲爲之耳，孰弊弊焉勞神苦思，
> 以事爲事，然後能乎？

〈大宗師〉「不得已於事也」郭象注亦云：

> 夫高下相受，不可逆之流也，小大相群，不得已之勢也，曠然無情，
> 群知之府也，承百流之會，居師人之極者，奚爲哉？任時世之知，
> 委必然之事，付之天下而已！

郭象認爲祇要「無心」，則應世爲君爲臣有何不可。無心是順著自然，隨變所適，應隨其時，一點也不感到彆扭不自在。無心的同義詞是「不得已」，〈刻意篇〉郭象注云：「會至乃動，任理而起，吾不得已也。」是理之必然，順之而不避，避之反而不自然。無心的相反詞是有心，「有心」去求，不是出於自然的，就不對了。〈天地〉注云：

> 聖人未嘗獨異於世，必與時消息，故在皇爲皇，在王爲王，豈有背
> 俗而用我哉？

這裡郭象明白的說到要「與時消息」，不要「背俗用我」，總歸一句話就是「淡然無係」，「爲在從眾」。〈人間世〉注云：「有心而往，無往而可，無心而應，其應自來，則無往而不可也」，所謂「至人之心若鏡，應而不藏」，浩然任之曠然無懷，應對無方，冥其所遇，則雖應世而不害其自然。郭象將這種「不得已而後起」比喻作宮商之聲，無心而應，任彼而不強應。祇要主觀心理不以做官爲意，則其致爵祿，乃「受」而已。〈人間世〉注：「夫無心而任化，乃群聖之所游處。」游於自然，緣於不得已，則所在皆可，所爲皆當。

「無心」是就聖人之主觀修養言，若對客觀事物之態度說就是「順有」，唯「無」心能「順」有，一內一外，〈大宗師〉「孔子曰：彼遊方之外者也，而丘遊方之內者也」郭象注云：

> 夫理有至極，外內相冥，未有極遊外之致而不冥於內者也，未有能冥於內而不游於外者也，故聖人常游外以冥內，無心以順有。

「順」物則所爲皆天理自然，所以他們「雖終日揮形而神氣無變，俯仰萬機而淡然自若」（〈大宗師〉注），他認爲「人間之變故，世世異宜，唯無心而不自用者，爲能隨變所適而不荷其累。」（〈人間世〉題注）他們雖「同人群，驅萬物」而王天下，却神情不虧，此應物而無累於物也。

「無心」是內聖工夫，「順有」則爲外王，內聖與外王合一，郭象在〈莊子注序〉中屢言莊子知本不知末，以其高談方外未體「離人合俗」、「游外冥內」的道理。所以郭象注《莊》，抑低莊子所最推崇的許由，而代之以有治績的堯，也就是以有爲而無爲，唯內聖外王者乃眞爲聖人。莊子以超世離群之神人、至人爲人格之最高，而郭象以「神人」即「聖人」，聖人即「無心任物」之帝王。〈逍遙遊〉「綽約若處子」郭象注云：

> 夫神人即今所謂聖人也，夫聖人雖在廟堂之上，然其心無異於山林之中，世豈識之哉，徒見其戴黃屋，佩至璽，便謂足以纓紱其心矣，見其歷山川，同民事，便謂足以憔悴其神矣，豈知至至者之不虧哉？
>
> 〔註14〕

他將莊子中「肌膚若冰雪，綽約若處子」的「神人」，一下子落入「以物爲事」

〔註14〕此與嵇康〈答難養生論〉云：「聖人不得已而臨天下，以萬物爲心，在宥群生，由身以道，與天下同於自得，穆然以無事爲業，坦爾以天下爲公，雖居君位饗萬國，恬若素士接賓客也。雖建龍旂，服華袞，忽若布衣之在身，故君臣相忘於上，烝民家足於下，豈勸百姓之尊己，割天下以自私，以富貴爲崇高，心欲之而不已哉？」同。可見向秀注受嵇康影響。

的塵垢中，以「神人」等同「聖人」，是將老莊與周孔結合起來，其關係成了
二而一，一而二，「無心」則德合自然，「順有」則不廢名教，內聖外王之道，
正調和了當時名教與自然間的衝突。郭象以山林和廟堂不二，眞正外王者必
是內聖，游外者乃能冥內，治理天下衹是跡，如不以此爲意，則可不擾其神
志，〈逍遙遊〉「孰肯以物爲事」郭象注云：

> 堯舜者，世事之名耳，爲名者，非名也，故夫堯舜者，豈直堯舜而
> 已哉？必有神人之實焉，今所稱堯舜者，徒名其塵垢粃糠耳。

堯舜雖有仁政之跡，却有「神人」出塵之思，不以己之名位爲意，甚且視之
如敝屣，那麼，做官居廟堂有何不可？此以「即世間」爲「出世間」也。當
時樂廣喊出「名教中自有樂地」（《世說・德行》23）太落實，不能滿足當時
希企清雅，慕尚風流的口味，現在郭象將名教與自然合而爲一，將孔聖人披
上道袍，以能遠離人群的，必然順應世俗，以「遺物而後能入群，坐忘而後
應務，愈遺之，愈得之」（〈大宗師〉注），〈山木〉注云：「今賢人君子之致爵
祿，非私取也，受之而已！」故所在皆安，這種「無心順有」的應世哲學，
即其著名的「跡冥」論也。〈駢拇〉「聖人則以身殉天下」注云：

> 故與世常冥，唯變所適，其跡則殉世之跡也，所遇者或時有槊夷禿
> 脛之變，其跡則傷性之跡也，然而雖揮斥八極，而神氣無變，手足
> 槊夷而居形者不擾，則奚殉哉，無殉也。

雖有治之之跡，但能因任百姓之心，故寄坐萬物之上，而能與物冥而循大變，
宜其神氣不傷也。蓋居官無官官之事，逍遙卒歲，當然是神氣不虧，否則「官
事鞅掌，機務纏其心，世故煩其慮」（嵇康〈與山巨源絕交書〉）那能有此便
宜？郭象隨著「無心」「順有」向前推進一步，提出「不治而治」之道，就是
「因任自然」，就是要統治者，「因任」百姓之自爲自治，其理論雖高，說穿
了就是占據要津不做事，聽任自然，安享富貴太平，這是當時盛行的「朝隱」
風氣也。

（三）因　任

郭象爲了兼顧做官享樂與逍遙清雅，想出一套可以俯仰萬機而神氣不虧
的統治法，就是以「不治治之」，就是「因任」，〈逍遙遊〉「堯讓天下於許由」
郭象注云：

> 夫能令天下治，不治天下者也，故堯以不治治之，非治之而治者
> 也。……夫治之由乎不治，爲之出乎無爲也，取於堯而足，豈借之

許由哉！

這種「治於不治」、「爲於無爲」就是治者因任百姓之自治自爲，這樣可以達到不廢名教而又任自然。〈天運〉使天下「兼忘我難」郭象注云：

> 聖人在上，非有爲也，恣之使各自得而已耳。自得其爲，則眾務自適，群生自足，天下安得不各自忘我哉？各自忘矣，主其安在乎？

他認爲「因任」的結果，人人自得，百姓甚且忘了有統治者在。所以〈應帝王〉郭象注云：

> 天下若無明王，則莫能自得，令之自得，實明王之功也。然功在無爲而還任天下，天下皆得自任，故似非明王之功。夫明王皆就足物性，故人人皆云我自爾，而莫知恃賴於明王。

因爲聖人之治，「因」而不「爲」，「順」而不「傷」，「任」而不「助」，與世同波，無對於物，故百姓不驚，看似無功，其實沒有明王是不行的。前云郭象是以君臣之制爲合理不可少的，但治者要如何常「保」其位，坐享清福呢？郭象認爲祇有任其自然，不要有所制作，有所損益。也就是「無爲」。〈在宥〉注云：

> 宥使自在則治，治之則亂也。……上之所爲而民皆赴之，故有誘慕好欲，而民性淫矣，故所貴聖王者，非貴其能治也，貴其無爲而任物之自爲也。

因爲有治之跡，於是百姓匈匈焉競逐之，僞亂乃起。〈在宥篇〉中，對於逐跡有精彩描寫，其言曰：「斯跡也，遂攖天下之心，使奔馳而不可止。故中知以下，莫不外飾其性，以眩惑眾人，惡直醜正，蕃徒相引。是以任眞者失其據，而崇僞者竊其柄，於是主憂於上，民困於下矣。」蓋「人心之變，靡所不爲，順而放之，則靜而自通；治而係之，則跂而價驕。價驕者，不可禁之勢也。」所以郭象以聖王若自處靜默，百姓也就不至於矯跂投跡，而安於本性之分矣。

郭象又從「性分」之觀點，以人之自性圓滿，無待於外，既然每一個體皆自足，倘欲以此正彼，以己正人，這是以我自多，越了自己的性分，也虧了別人的性分，這樣，被治者不能自得，治者之心亦有所繫，二者具違自然之理，不但使物失其眞，治者亦勞病不堪，這是「忤」物也。故〈應帝王〉注云：「以己制物則物失其眞，夫寄當於萬物，則無事而自成；以一身制天下，則功莫就而任不勝也」。人各足於性，若能付群德之自循，則「迷者自思復，而屬者自思善」（〈天地〉注）。故因其性而任之則治，反其性而凌之則亂。〈人

間世〉郭象注云：

> 有其己而臨物，與物不冥矣。故大人不明我以耀彼，而任彼之自明，
> 不德我以臨人，而付人之自得，故能彌貫萬物而玄同彼我，泯然與
> 天下爲一而內外同福也。

〈齊物論〉注亦云：

> 聖人不顯此以耀彼，不捨己而逐物，從而任之，各宜其所能，故曲
> 成而不遺也。

以一身制天下，就是以己制物，則天下皆與己爲敵，此〈在宥〉注所云：「若
不因眾，則眾之千萬，皆我敵也」，以此治天下，則天下塞矣。〈人間世〉郭
象注云：

> 尅核太精，則鄙吝心生而不自覺也，故大人蕩然放物於自得之場，
> 不苦人之能，不竭人之歡，故四海之交可全矣。

又〈齊物論〉「況德之進乎日者乎？」郭象注云：

> 夫日月雖無私於照，猶有所不及，德則無不得也。而今欲奪蓬艾之
> 願而伐使從己，於至道豈弘哉？故不釋然神解耳。若乃物暢其性，
> 各安其所安，無遠邇幽深，付之自若，皆得其極，則彼無不當而我
> 無不怡也。

故郭象提出的「因任」之道，是「付之天下」、「寄之天下」，付天下於自當，付
天下於無事，以爲這是最合自然的規則，因爲從天道無爲的觀點，因循任物是
上符天道，下順蒼生的。在天和至、人和盡的情況下，群理都舉，在指揮顧眄
之間，民各至其性，在「無往而不因」之治下，誰敢逆立？眞是上下相得而爲
美矣。所以〈天地〉注云：「因其自搖而搖之，則雖搖而非爲也；因其自蕩而蕩
之，則雖蕩而非動也。故賊心自滅，獨志自進，教成俗易，悶然無跡，履性自
爲而不知所由，皆云我自然矣」。〈人間世〉注亦云：「神人無用於物，而物各得
自用，歸功名於群才，與物冥而無跡，故免人間之害，處常美之實」。郭象的「因
任」之道，就是要「免人間之害，處常美之實」，馳萬物而不窮，爲了達到此，
處處委順外物，「與變化升降而以世爲量」的穩居「物主」地位（〈應帝王〉注），
時變或俗變，皆跟著變，以此爲「乘物遊心」，天下有事無事，皆淵然自若，無
動於衷，說這是「與物冥而循大變」，他露骨的說：

> 雖有事之世，而聖人未始不澹漠也，故深根寧極而待其自爲耳，斯
> 道之所以不喪也。

這種無憂無慮的享太平，宜其天下之廣而無勞神之累也。魏晉士人多入世容跡，居官無官官之事，本非我所信，見郭象注之何處不「因」，何事不「任」，不止一次的高喊「以不治治之，乃善治也」（〈馬蹄〉注）、「順物性而不治，則情不逆而經不亂」（〈在宥〉注），而後我始知當時端委朝堂之名門貴族，甚得通變之道，故能玄默而應世無窮，善於「與時消息」，而左右逢源也。故「不治治之」之術，其實亦是治天下最佳之術。

　　雖則如此，郭象的「因任」之道，乃是治者本身「玄默」，無為無跡，而付物之自任自主、自為自得，使「群才萬品，各任其事，自當其責」（〈天道篇〉注），〈天下篇〉「無為也而笑巧」郭象注云：

　　　　巧者有為，以傷神器之自成，故無為者，因其自生，任其自成，萬
　　　　物各得自為。蜘蛛猶能結網，則人人自有所能矣，無貴於工倕也。

付萬物使各自守，使百姓不失其自全，而後「彼我俱適」。是「善用人者，使能方者為方，能圓者為圓，各任其所能，人安其性，不責萬民以工倕之巧。故眾技以不相能似拙，而天下皆自能，則大巧矣」（〈胠篋〉注）萬物各有能，用其自能，這是「隨物制而任其天然」也。聖王在上，因物從眾使盡其所能，故物成而不遺也。〈逍遙遊〉注云：

　　　　庖人尸祝，各安其所司；鳥獸萬物，各足於所受；帝堯許由，各靜
　　　　其所遇，此乃天下之至實也。各得其實，又何所為乎哉？自得而已
　　　　矣。故堯、許之行雖異，其於逍遙一也。

人皆自修自任，「賢愚襲情而貴賤履位」（〈在宥〉注），君臣上下，各安其位，能否自盡，則天下無患而無為之理至矣。〈人間世〉郭象注云：

　　　　夫王不材於百官，故百官御其事，而明者為之視，聰者為之聽，知
　　　　者為之謀，勇者為之扞。夫何為哉？玄默而已。而群材不失其當，
　　　　則不材乃材之所至賴也。故天下樂推而不厭，乘萬物而無害也。

〈山木〉注亦明顯的標出此意，其言曰：「雖有天下，皆寄之百官，委之萬物，而不與焉，斯非有人者也；因民任物而不役己，斯非見有於人也」。寄當於萬物，因材以適任，是以君靜於上，臣勞於下。〈在宥〉「天道之與人道也，相去遠矣」郭象注云：

　　　　君位無為而委百官，百官有所司而君不與焉。二者俱以不為而自得，
　　　　則君道逸、臣道勞，勞逸之際，不可同日而論之也。

君逸臣勞，君無為，「愈無為而愈尊」；臣有為，「人人自得其事」，若天之任

物，自然居上也。郭象將天道比做君，人道比做臣，天在上，人在下，君臣關係如「天之自高，地之自卑，首自在上，足自居下」。〈天道篇〉「上與下同道則不主」郭象注云：

> 夫工人無爲於刻木，而有爲於用斧；主上無爲親事，而有爲於用臣。臣能親事，主能用臣，斧能刻木而工能用斧，各當其能，則天理自然，非有爲也。若乃主代臣事，則非主矣，臣秉主用，則非臣矣。故各司其任，則上下咸得，而無爲之理至矣。

〈天道〉「則功大名顯而天下一也」郭象注又云：

> 夫無爲之體大矣，天下何所不無爲哉，故主上不爲冢宰之任，則伊呂靜而司尹矣，冢宰不爲百官之所執，則百官靜而御事矣，百官不爲萬民之所務，則萬民靜而安其業矣，萬民不易彼我之所能，則天下之彼我靜而自得矣，故自天子以下至于庶人，下及昆蟲，孰能有爲而成哉？是故彌無爲而彌尊也。

聖人不敢以一己正天下，因任眾才，使各得以自用，而歸功名於群才；群才皆各當其能，各司其任；君以用人爲能，臣以任事爲能，君臣異勢異能，聖人「勞聰明於求人，獲安逸於任使」（〈人物志序〉），君臣不可易序。〈天道篇〉郭象注云：「夫在上者，患於不能無爲而代人臣之所司。使咎繇不得行其明斷，后稷不得施其播殖，則群材失其任，而主上困於役矣。故冕旒垂目而付之天下，天下皆得其自爲，斯乃無爲而無不爲者也，故上下皆無爲矣。但上之無爲則用下，下之無爲則自用也。」人君居眾材之上而不以材名，平淡無爲，司御之屬亦能隨物自然，這樣即可達到一徹底的「爲」於「無爲」之治。

（四）為無為

主上無心以任化，無心是「外天下」，任化是「任自然」；既不得已而應世，故汎然無所繫，不敢以一身制天下，故因物之自行，以其任乎自然，故無跡可尋，是以看似「無爲」，然萬物自生自化，各得其所，曲成而不遺，則又是「有爲」。是郭象之「無爲」是「任」物之性分而爲，凡不越性分之「爲」即稱「無爲」，以其合乎自然故。所以我們可以說郭象之「無爲」，其實就是任乎「自然」之「爲」，是一種特殊意義的「爲」，或可稱之爲崇「自然」。

1、無為非拱默

因爲郭象在本體思想中祇承認一「有」，「有」才是眞實的存在，現實即

是合理的，在政治思想上，他也主張「有爲」而反對「無爲」，但因爲當時大家都講「無爲」，祇好利用「無爲」的形式，而賦予「有爲」的內涵。故〈大宗師〉明明說是「芒然彷徨乎塵垢之外，逍遙乎無爲之業」，而郭象偏偏說爲：

> 所謂無爲之業，非拱默而已，所謂塵垢之外，非伏于山林也。

又〈逍遙遊〉「堯讓天下於許由」郭象注云：

> 若謂拱默乎山林之中，而後得稱無爲者，此莊老之談所以見棄於當塗。

郭象認爲若以「無爲」爲拱默山林，什麼事也不應，這是對莊旨的一大誤解，所以〈逍遙遊〉注云：「若獨兀然立乎高山之頂，非夫人有情於自守，守一家之偏尙，何得專此？此故俗中之一物，而爲堯之外臣耳。」又云：「未知至遠之跡，順者更近，而至高之所會者反下也，若乃厲然以獨高爲至而不夷乎俗累，斯山谷之士，非無待者也，奚足以語至極而遊無窮哉？」但是，事實上誤解莊子當是郭象本人，因爲老莊皆以「無爲而化」爲其政治之理想境界，以「兀然獨高」爲至極的。《莊子・馬蹄篇》云：

> 故至德之世，其行塡塡，其視顚顚。當是時也，山無蹊隧，澤無舟梁，萬物群生，連屬其鄉，禽獸成群，草木遂長。是故禽獸可係羈而遊，鳥鵲之巢可攀援而闚。夫至德之世，同與禽獸居，族與萬物並，惡乎知君子小人哉？

這是對上古純樸未虧，一無干預、造作之嚮往，認爲此時最爲完美。在〈逍遙遊〉一篇中，莊子以「堯讓天下於許由」之寓言，暗示「無爲」之境界與作用都大於「有爲」，堯以自己所施行之仁政爲缺然，自認不如許由之高隱而化流四海，所以欲致天下於許由。現在郭象反過來說堯才是最了不起的聖人，對莊子表面之非毀有爲者祇能看作是「寄言」耳，不可執著，他認爲拱默無爲將使莊老見棄於當塗，所以他高聲呼籲說：「聞無爲之風，遂云行不如臥，何其往而不返哉？斯失夫乎莊生之旨遠矣！」（〈馬蹄〉注）莊子貶堯而推許，郭注劣許而優堯，此實背莊之本義者。

2、性分之爲

郭象賦「無爲」以新解，他所謂的「無爲」是「依性分而爲」，〈則陽〉注云：「功盡其分，無爲之至」，此以「任」性分去做，則雖「爲」而「無爲」；至於越出性分，如羨欲、希幸、過能，足以喪眞忘本者乃稱「有爲」。〈則陽〉

注又云：「名止於實，故無爲，實各自爲，故無不爲」，因爲行性之所當行，即是名實合一，合乎「自然」，自然則順性而不傷，以「率」性、「稱」能、「當」分故也。反之，有爲即是「不自然」。〈養生主〉「而知也無涯」注云：

> 夫舉重攜輕而神氣自若，此力之所限也，而尚名好勝者，雖復絕贅，猶未足以慊其願，……冥極者，任其至分而無毫銖之加。是故雖負萬鈞，苟當其所能，則忽然不知重之在身，雖應萬機，泯然不覺事之在己。

郭象以「舉其性內則雖負萬鈞而不覺其重也」，在性分之內，物我相冥而不覺，雖爲之乃若「無爲」，此呼應〈在宥〉所云「無爲者，非拱默之謂也，直各任其自爲」也。因爲當時大家都講「無爲」，郭象也附庸風雅，大講「無爲」，但他的「無爲」，是「止乎本性」之「爲」，而治者能「任物之自爲」也可稱無爲，故郭象有「終日揮形而神氣不變」之描寫。

郭象以「無爲」爲「恣其性內而無纖介於分外」、「率性而動，動不過分」也。〈天道〉「此不易之道也」郭象注云：

> 無爲之言，不可不察也。夫用天下者，亦有用之爲耳。然自得此爲「率性而動」，故謂之無爲也。今之爲天下用者，亦自得耳。但居下者親事，故雖舜禹爲臣，猶稱有爲。故對上下，則君靜而臣動，比古今，則堯舜無爲而湯武有事。然「各用其性」，而「天機」玄發，則古今上下無爲，誰有爲哉？

〈人間世〉注亦云：「用其自用，爲其自爲，恣其性內而無纖介于分外，此無爲之至易也」，郭象看來，「任物自爲」則「性命全」矣，「率性而動」，謂之無爲，而〈外物篇〉注，郭象云：「性之所能，不得不爲也；性所不能，不得強爲」，但怎樣才算率「性」呢？《莊子‧馬蹄篇》云：

> 馬，蹄可以踐霜雪，毛可以禦風寒，齕草飲水，翹足而陸，此馬之真性也。

又云：

> 馬，陸居則食草飲水，喜則交頸相摩，怒則分背相踶。

馬的「真性」如此，這是內在固有的素質，而一切外在之訓練、裝飾皆背馬之真性，就如渾沌被鑿而死般，有爲乃大大的喪真失性，也就是違背自然，故莊子反對之。現在郭象卻賦予新解，以現實的實然、已然爲自然，說牛馬是用來馳騁走作的，這是牛馬的性分，根據牛馬的本性去駕馭它，盡其所能即可，若

放而不乘，反違眞性，所以郭象以那些主張任馬之性爲放而不乘者是「惑者」，是「何其往而不返」。他變造爲「馬之眞性，非辭鞍而惡乘」（〈馬蹄〉注），顯然的，莊子以「無爲」是任物之性，不能外加施爲；郭象則還包括「任物之性而使之」的意思在內，祇要順乎物性去做，都可稱無爲，這是天性所受，如「命」之不可逃的，夫人總是要吃飯穿衣，所以耕織乃不可少，以是農夫耕種，婦女織衣是當分的，是天經地義的。〈馬蹄〉「是謂同德」郭象注云：

> 夫民之德，小異而大同。故性之不可去者，衣食也；事之不可廢者，
> 耕織也，此天下之所同，而爲本者也。守斯道者，無爲之至也。

世有賢愚，性分不同，賢者爲君爲臣，愚者爲民爲隸，智者安智，愚者安愚，各安其性分的做分內事，就是無爲。〈馬蹄〉注又云：

> 御其眞知，乘其自陸，則萬里之路可致，而群馬之性不失。

「任」其自性之「爲」可稱爲「無爲」，此又可見於〈秋水注中〉。按《莊子·秋水篇》以「牛馬四足，謂之天；落馬首，穿牛鼻，謂之人。」而郭象却注爲：

> 人之生也，可不服牛乘馬乎？服牛乘馬，可不穿落之乎？牛馬不辭
> 穿落者，天命之固當也。苟當乎天命，則雖寄之人事，而本在乎天
> 也。穿落之可也，若走作過分，驅步失節，則天理滅矣。

莊子主張無以人爲破壞自然，力斥「人爲」，現在郭象將人爲寄於自然之中，「因」自然而所加之人爲亦是「自然」。〔註15〕此又見於〈天地篇〉「機心存於胸中，則純白不備」的解釋，莊子舉老丈灌園不用桔橰，表明人爲機械非出自然，而郭象却奪之曰：

> 夫用時之所用者，乃純備也。斯人欲修純備，而抱一守古，失其旨矣。

用時之所用，即是自然，若抱一守古，反失自然矣。但若用之「過能」，亦屬不自然之「有爲」，這是他反對的。〈馬蹄〉「馬之死已過半矣」郭象注云：

> 夫善御者，將以盡其能也。盡能在於自任，而乃走作馳步，求其「過
> 能」之用，故有不堪而多死焉。若乃任駑驥之力，適遲疾之分，雖
> 則足跡接乎八荒之表，而眾馬之性全矣。

郭象謹爲能「安」於本性之極限，則可無厝心於其間，這就是無爲，〈齊物論〉

〔註15〕郭象將仁義道德歸入人的本性中，以爲其「名教」即是「自然」之說的張本，莊子將看作束縛，傷害人之自然本性，而求絕對自由，郭象却將仁義說成是自然人情，〈駢拇〉注云：「夫仁義自是人之情性，但當任之耳。恐仁義非人情而憂之者，眞可謂多憂也。」〈天運〉亦言：「夫仁義者，人之性也」，以仁義爲人性所具有，遵守仁義乃是合本性，爲天經地義的。

注云：「凡得眞性，用其自爲者，雖復皁隸，猶不顧毀譽而自安其業」，是以「群才萬品，各任其事而自當其責」爲極至。郭象又以志過其當爲「私」，以其破壞自然故，他說：「任性自生，公也；心欲益之，私也」（〈應帝王〉注）此以順性爲公，違性爲私。所以如果「開希幸之路，以下冒上，物喪其眞，人忘其本，則毀譽之間，俯仰失錯」（〈齊物論〉注）則是「私」。像臣妾不安於臣妾之位，即是有所「跂尙」，也是違性的，這是要被統治者自覺的安於被治，而那些寄坐萬物之上的統治者，從此可放心不怕受冒犯了，此即所謂的：「賢愚襲情而貴踐履位，君臣上下，莫匪爾極，而天下無患矣」（〈在宥〉注）。君、臣、民在各安其分、各是其性中，安於現狀了。

（五）因時制宜

郭象反對「背今向古」（〈天地注〉），以合時則容易成功，逆時而欲返古樸，這是不知達變。他持著自然、進化的觀點，以時時在變化，爲政當要循變制宜。〈大宗師〉「昧者不知也」郭象注云：

> 夫無力之力，莫大於變化者也，故乃揭天地以趨新，負山嶽以舍故。故不暫停，忽已涉新，則天地萬物，無時而不移也。世皆新矣，而自以爲故；舟日易矣，而視之若舊；山日更矣，而視之若前。今交一臂而失之，皆在冥中去矣。故向者之我，非復今我也。我與今俱往，豈常守故哉？而世莫之覺，橫謂今之所遇，可係而在，豈不昧哉？

此以「守故」者爲「昧」，以其不能隨變而變也。〈大宗師〉「故聖人將遊於物之所不得遯而皆存」郭象注云：

> 夫聖人遊於變化之塗，放於日新之流，萬物萬化，亦與之萬化，代者無極，亦與之無極，誰得遯之哉？

是以不知與化爲體，而思執之不化者，終無以禁其日變月新。抱古守故，居今行古，膠柱鼓瑟，飾僞必生。他認爲「廢棄之物，於時無用，則更致他妖」（〈天運〉注）。〈大宗師〉注中，迭致此意。如：

> 夫先王典禮，所以適時用也。時過而不棄，即爲民妖，所以興矯效之端也。

又云：

> 時移世異，禮亦宜變，故因物而無所係焉，斯不勞而有功也。

先王典禮，在時移世異之後，已成廢物，若係而不棄，抱殘守缺，這是逐「陳跡」也，〈天地〉注：「逐跡以求一，愈得跡，愈失一」，〈胠篋〉注亦云：「夫

跡者，已去之物，非應變之具也，奚足尙而執之哉？」滯於跡，將使「仁義不眞而禮樂離性」而矯詐生焉。〈天運〉注：「人性有變，古今不同也。故遊寄而過去則冥，若滯而係於一方則見。見則僞生，僞生而責多矣。」故爲治當期於「合時宜，應治體」，應時而變然後所在皆適，他說：

> 夫禮義，當其時而用之，則西施也；時過而不棄，則醜人也。（〈天運〉注）

又云：

> 當古之事，已滅於古矣，雖或傳之，豈能使古在今哉？古不在今，
> 今事已變，故絕學任性，與時變化而後至焉。（〈天道〉注）

郭象強調變化趨新，應時制宜的觀念，是很難能可貴的，他一再的提出聖人制法當隨時變化，不可執古成跡以爲今之用，這是其「進化觀」之精華所在。因爲郭象祇承認現實之存在爲唯一眞實的存在，所以人要正視現在；而站在性分自足的觀點，生、死、古、今皆爲自足的存在，此其持「守故不變，則失正矣」（〈天運〉注）之理論根據。

第五節　郭象《論語體例》與《莊》注之互證

郭象除了注《老》、注《莊》外，亦有《論語體略》二卷及《論語隱》一卷之作，今《論語》之注只散佚於皇侃《義疏》中，馬國翰《玉函山房輯佚書》中，輯九節爲一卷，從其佚文，知郭象調和儒道之用心甚明。

郭象的政治觀是聖王（統治者）當以「不治治之」，在「無心」以「順有」的情況下，「與世同波」、「遊於世俗而泯然無跡」（〈天地〉注），因任百姓之自得自主，乘物遊心，汎然無所係，常保玄默，故能王天下而不疲病，雖歷山川，同民事而神采不虧；雖戴黃屋、佩玉璽而其心不受纓紼，以廟堂無異山林，俯仰萬物而淡然自若。郭象之以「爲政」出乎「無心」，即「名教」不悖「自然」，二者並不衝突，那麼，做官並非「俗」了。在他看來，「至至者」必是游外冥內，也就是內聖、外王兼顧，方內方外合一也。若「不夷乎俗累」，巋然以隱居不仕爲高，這是心繫「一方」，不能玄應乎無方，反而是「一曲之士」，未臻上乘。蓋「無心」即自然，自然耳，故應世而無累。郭象亦以「無心」、「因任」之說注解《論語》，〈衛靈公〉：「如有所譽，其有所試矣，斯民也，三代之所以直道而行也」郭象注云：

　　無心而付之天下者，直道也。有心而使天下從己者，曲法也；故直

　　道而行者，毀譽不出於區區之身，善與不善，信之百姓。

又〈陽貨〉「孔子曰諾吾將仕矣」郭象注云：

　　聖人無心，仕與不仕，隨世耳……直道而應者也。

　　聖人推理直前，不得已而出仕，以百姓心爲心，以百姓言爲言，因循自然，稱體而往，不以己制物，故無往而不冥。〈大宗師題注〉云：「天地之大，萬物之富，其所宗而師者無心也」；〈應帝王題注〉：「無心而任乎自化者應爲帝王」；〈人間世題注〉云：「唯無心而不自用者，爲能唯變所適而何足累」，知治非有心而作，而付天下之自安，無心之施於政則爲因任之道，此見〈衛靈公〉郭象之注「吾嘗終日不食，終夜不寢以思，無益，不如學」所云：

　　聖人無事而不與百姓同事，事同則形同，是以見形以爲己異，故謂

　　聖人亦必勤思而力學，此百姓之情也。故用其情以教之，則聖人之

　　教，因彼以教，彼安容詭哉？

《莊》注中屢云之「寄之天下」、「付之天下」、「不奪物宜」、「務在從眾」，即此也。《老子‧四十九章》言：「聖人無常心，以百姓心爲心」，也就是「因」民之所好、所能；「去」民之所惡，而不引彼同我，故群理都舉，眾功以成。在《論語體略》中類似此說的還有〈爲政〉：「爲政以德，譬如北辰，居其所而眾星共之」之注：

　　萬物皆得性，謂之德。夫爲政者奚事哉？得萬物之性，故云德而已

　　也。得其性則歸之，失其性則違之。

〈逍遙遊〉「聖人無名」郭象即注曰：「聖人者，物得性之名耳」，爲政在全百姓之「性」，民性得矣，則治者可以馳萬物而無窮。〈爲政〉：「導之以德，齊之以禮」郭象《論語體略》又注云：

　　德者，得其性者也；禮者，體其情者也……得其性則本至，體其情

　　則知恥，知恥則無形而自齊，本至則無制而自正。

〈駢拇〉注云：「物各任性，乃正正也」，又云：「故至正者，不以己正天下，使天下各得其正而已」。〈大宗師〉注亦云：「以性言之，則性之本也。夫物各有足，足於本也。付群德之自循，斯與有足者，至於本也，本至而理盡矣」。《莊子》注中以治者當因百姓之性而治之，使萬物皆「得」性分之適，此言「德」爲「得性」，相互印證極愜合。

　　又〈憲問〉「修己以安百姓，堯舜其猶病諸」郭象《論語體略》注云：

百姓百品，萬國殊風，以「不治治之」，乃得其極，若欲修己以治之，雖堯舜必病，況君子乎？今堯舜非修之也，萬物自無爲而治，若天之自高，地之自厚，日月之明，雲行雨施而已，故能夷暢條達，曲成不遺而無病也。

〈逍遙遊〉注有「能令天下治，不治天下者也」；〈馬蹄〉注也有「以不治治之，乃善治也」，可知以「不治治之」乃郭象之理想治道，其內容是「因任」自然。〈應帝王〉注云：「任自然而覆載，則天機玄應」；〈齊物論〉注云：「聖人不顯此以耀彼，不捨己而逐物，從而任之，各宜其所能，故曲成而不遺」；〈應帝王〉注又云：「寄當於萬物，則無事而自成；以一身制天下，則功莫就而任不勝也。」所以治者之所爲，皆不得不爲者，「故大人蕩然放物於自得之場，不苦人之能，不竭人之歡，故四海之交可全矣」（〈人間世〉注），能放之於自得之場，則「不治而自治」矣。

〈先進〉「顏淵死，子哭之慟」，郭象《論語體略》注云：

人哭亦哭，人慟亦慟，蓋無情者與物化也。

郭象注〈養生主〉「老聃死，秦失弔之，三號而出」云：「人弔亦弔，人號亦號……至人無情，與眾號耳」，與《論語體略》之注幾乎全同。夫「無情」與「無心」意等，〈德充符〉「故是非不得於身」郭象注云：「無情，故付之於物也。」又「獨成其天」注云：「無情，故浩然無不任。無不任者，有情之所未能也，故無情而獨成天也」，至人委順外物，淵然自若，遊於世俗，不忤於物，一切任之自然，此在〈在宥〉注所云：「理與物皆不以存懷，而闇付自然，則無爲而自化矣。」夫萬物萬情，趣舍不同，聖賢任當直前曠然無情，故能體合變化也。

由上《論語體略》與《莊子注》的比較，知郭象強調無爲非拱默山林，祇要「無心」，「不得已」而應之，其應自可，而爲治國者因任百姓之自爲自主，以不治治之使各發揮其能，則聖王玄默而天功自成，二者之說參互印證，則郭象之政治思想乃十分顯豁。

第六節　「隱莊」之方法──寄言出意

夫新學的產生，緣有新方法的發現。〔註16〕魏晉新學，會乎「寄言出意」

〔註16〕湯用彤先生〈言意之辨〉一文中言：「夫得意忘言之說，魏晉名士，用之於解經，見之於行事，爲玄理之骨幹，而且調和孔老。及至東晉佛學大盛，此說

之旨，於解釋經義時，每能不拘於字面之範圍。蓋玄理大底求乎智悟，非關章句學問，有時靈光一閃，孤明光發。若莊子之言「萬世之後，而一遇大聖，知其解者，是旦暮遇之也」，以機靈已蘊，精神泛溢，則直扣玄微，此憑一往逸氣，揮洒高致，純乎風神，見於透宗，《世說》言庾子嵩讀《莊子》，開卷一尺許，便覺莊子不異人意，此所謂「相視而笑，莫逆於心」者。繁瑣章句、笨重禮教得以擯落，而趨向清新易簡；立身行事則重風儀而土木形骸。如〈阮籍傳〉言阮籍「當其得意，忽忘形骸」；嵇康之「不自藻飾，人以為龍章鳳姿」；劉伶之脫衣裸形，欣然神解。是四體妍媸無關妙處，傳神寫照，在乎目光神采。移此原理以論學，則不滯於名言，而直探文字背後所蘊含之義，利用這種方法，自可橫奪本經，獨樹一幟，左說右說，皆自己說也，這是促使思想活潑生動的積極方法。先是王弼以「忘言忘象以得意」之法而擺脫象數，郭象本之而提出「寄言出意」法，其「隱解」《莊子》，是用「達觀」的方法「要其會歸」得來。於此須注意「寄」與「出」二字，寄有「假託」意，而「出」則為創出、新生意。他三令五申的要人讀《莊子》須善會文字背後之宏旨，其實，這是要讀者跟著他的思路去體會莊子，以為如此乃能真得莊子理趣，若果我們輕易的入其彀中而「隨其轉側」，被其甚美甚辯之辭旨迷惑，其終也，恐亦被誤導而乖莊生之理，此不可不慎也。

　　原來，郭象在注中明標「寄言」之處，即是其隱解所在，也是他突出來說話的地方，當其義理與莊子不合時，常以微言或遜言是莊子之寄言以迴避。其能超出舊注，別創新解，實因舊注祇在言表求其顯義，在字面上兜圈子，郭象則能跳出窠臼，會歸其旨。祇因為郭象一心想融通方內與方外之對立，又欲合自然與名教為一，故對《莊子》書中一些絕聖去知、鄙薄仁義、毀棄禮樂、諷刺周孔的辭義，都處心積慮的想加以「圓說」（合理化），因為上面那些辭義，顯然與儒家牴牾衝突，不可能會通，郭象為解決此困難，乃稱莊子之「狂言」，其實乃「寄言」而已，既是寄之耳，則不能拘執以為說，必於言意之外，求其隱義，也就是以意逆志，而遺其所寄，要「忘言以尋其所況」（〈逍遙遊〉注）而不事事曲與生說，而得善體莊子之弘旨。〈山木篇〉「栗林虞人以吾為戮，吾所以不庭也」注云：

　　　夫莊子推平于天下，故每寄言以出意，乃毀仲尼、賤老聃，上掊擊
　　　乎三皇，下痛病于一身也。

黜格義之比附，而唱法華諸經之會通」。見氏著《魏晉玄學論稿》，頁 47。

因為莊生自言「寓言十九」，故向、郭可據以為說莊生其實是寄言以「明內聖外王之道」的。如〈逍遙遊〉「藐姑射之山，有神人居焉，肌膚若冰雪，綽約若處子」注云：

> 此皆寄言耳。夫神人即今所謂聖人也。夫聖人雖在廟堂之上，然其心無異於山林之中，世豈識之哉！徒見其戴黃屋、佩玉璽，便謂足以纓紼其心矣；見其歷山川，同民事，便謂足以憔悴其神矣；豈知至至者之不虧哉？今言王德之人而寄之此山，將明世所無由識，故乃託之於絕垠之外，而推之於視聽之表耳。處子者，不以外傷內。

將神人解作「聖人」，顯然在溝通儒道。而言聖人身在廟堂、心在山林，正向、郭用以標自然與名教合一也。利用「寄言」，冠冕堂皇的移花接木，唯向郭能之。基於其「儒道一」之理論，故凡牽涉到此問題的環節，皆本「寄言出意」以通之。如〈逍遙遊〉「堯治天下之民，平海內之政……」注云：

> 遺天下者，固天下之所宗。天下雖宗堯，而堯未嘗有天下也，故宜然喪之，而嘗遊心于絕冥之境，雖寄坐萬物之上，而未始不逍遙也。四子者蓋寄言，以明堯之不一于堯耳。夫堯實冥矣，其跡則堯也。自跡觀冥，內外異域，未足怪也。世徒見堯之為堯，豈識其冥哉？……若乃厲然以獨高為至而不夷乎俗累，斯山谷之士，非無待者也。奚足以語至極而遊無窮哉？

又〈大宗師〉「孔子曰：彼，遊方之外者也，而丘，遊方之內者也」注云：

> 夫理有至極，外內相冥，未有極遊外之致而不冥於內者也，未有能冥於內而不遊於外者也。故聖人常遊外以弘內，無心以順有，故雖終日揮形而神氣無變，俯仰萬機而淡然自若。夫見形而不及神者，天下之常累也。是故觀其與群物並行，則莫能謂之遺物而離人矣……豈直謂聖人不然哉？乃必謂至理之無此。是故莊子將明流統之所宗，以釋天下之可悟，若直就稱仲尼之如此，或者將據所見以排之，故超聖人之內跡而寄方外於數子。宜忘其所寄以尋述作之大意，則夫遊外冥內之道，坦然自明，而莊子之書，故是涉俗蓋世之談矣。

以孔子為「德合自然」，而以《莊子書》為「涉俗蓋世之談」，以其能會遊外弘內之旨，這就是寄莊子之言以出己意也。又〈逍遙遊〉「堯讓天下於許由」注云：

> 夫能令天下治，不治天下者也。故堯以不治治之，非治之而治者也。

今許由方明既治，則無所代之。而治實由堯，故有子治之言，宜忘
言以尋其所況。

堯有治績，然可貴者在其能以「不治治之」，較諸拱默山林者爲高。此明顯與
莊旨大異其趣。另〈天地篇〉「俋俋乎耕而不顧」注云：

夫莊子之言，不可以一途詰，或以黃帝之跡，禿堯舜之脛，豈獨貴
堯而賤禹哉？故當遺其所寄，而錄其絕聖棄智之意焉。

〈山木〉「昭昭乎如揭日月而行，故不免也」注云：

大察焉小異，則與眾爲迕矣；混然大同，則無獨異於世矣。故夫昭
昭者，乃冥冥之跡也。將寄言以遺跡，故因陳蔡以託意。

又〈天道篇〉「孔子曰：中心物愷，兼愛無私，此仁義之情也」注云：

此常人之所謂仁義者也，故寄孔老以正之。夫至仁者，無愛而直前
也。……夫愛人者，欲人之愛己，此乃甚私，非忘公而公也。……
事至而愛，當義而止，斯忘仁義者也，常念之則亂眞矣。

此以仁義之空名，充實道家自然無爲之內容，利用孔子以宣揚老莊者。〈天運〉
「曰：吾求之於陰陽，十有二年而未得」下注云：

此皆寄孔老以明絕學之義也。

孔老之異，由茲可合爲同矣。而人爲亦可視爲天然矣。其著名的「跡冥」論，
即本乎此建立。又〈太宗師〉「皆在鑪錘之間耳」注云：

言天下之物，未必皆自成也，自然之理，亦有須冶鍛而爲器者耳。
故此之三人（無莊、據梁、黃帝），亦皆聞道而後忘其所務也。此皆
寄言，以遺云爲之累耳。

此以冶鍛爲器乃自然之理。又如〈秋水篇〉「牛馬四足，是謂天；落馬首、穿
牛鼻，是謂人」注云：

人之生也，可不服牛乘馬？服牛乘馬，可不穿落之乎？牛馬不辭穿
落者，天命之固當也。苟當乎天命，則雖寄之人事，而本在乎天也。

以事雖寄乎人情，理終歸乎造物，託牛馬以顯自然人爲本一道。那麼，自然
與名教亦可玄同爲一矣。其他用在表達小大如適性則同逍遙的理論上，亦用
「寄言出意」。如〈逍遙遊〉「化而爲鳥，其名爲鵬」注云：

夫莊子之大意，在乎逍遙遊放，無爲而自得。故極小大之致，以明
性分之適，達觀之士，宜要其會歸，而遺其所寄，不足事事曲與生
說。自不害其弘旨，皆可略之耳。

支道林論「逍遙」曰：「莊子建言大道，而寄旨鵬鷃」，欲得莊生本旨，必「忘其所寄，以尋述作大意」而後乃得之。向郭「寄言出意」法之應用，融通儒道、自然與名教、無為與有為，甚至小大之區別，其玄學系統即假之以立也。故郭象言「不能忘言而存意則不足」，他借莊子之言別出新義，則人若執著莊生表面之文字，亦無以出新義矣，而夷考郭象所出之意却未必是莊子本意，而大多是郭象的，因此，我們實在也不能太執實於莊注的，因為郭象亦有所「寄」焉！

小　結

　　郭象《莊注》在否定超現實的存在之後，其所呈現的思想境界，一言以蔽之，曰「順世隨俗」耳，余英時先生云：「向郭解莊，反使絕俗之自然下僑於末流之名教，於是昔日之轉俗歸真，今悉為移真從俗矣。」〔註17〕其說固可使讀者自足一時，「雖復貪婪之人，進躁之士，暫而攬其餘芳，味其溢流，彷彿其音影，猶足曠然有忘形自得之懷」（〈莊子序〉），然而此混淆價值意義與現象意義，使最高精神境界拉下與世間俗情同一；其因循適性之說派生之安任現成不求修為工夫，因是因非為齊物而無視是非存在，皆造成很大的害處。方東美先生云：

> 郭象他本身也有思想，但是他注莊子時，却是把莊子當作一個注脚，來說明他的思想，這樣一來，假使郭象自己的思想發生了問題，連帶了莊子也變作了沒落的學說。〔註18〕

向郭注之「栽贓」，使莊子被當時儒法之士斥為「利天下少，害天下多」，「莊生作而風俗頹」，〔註19〕此豈為轉化世人成心，呈顯道心而用心者所願聞也。

　　然郭注代表當時崇尚莊子之主流，其所作低昂深淺之論，都應時代潮流之需要而設，他調和「貴無」與「崇有」之爭辯，而歸於「玄冥」；化解「自然」與「名教」之衝突，而歸於「跡冥」圓融；將莊子有感而發的「知其不可奈何而安之若命」一句話推向極端，而大肆宣揚「安命適性」的學說，由

〔註17〕見氏著《士與中國文化》（上海：上海人民出版社，西元1987年），頁394。
〔註18〕方東美先生著《原始儒家道家哲學》（台北：黎明文化出版，1987年）。
〔註19〕王坦之〈廢莊論〉云：「眾人因藉之以為弊薄之資，然則天下之善人少，不善人多，莊子之利天下也少，害天下也多，故曰魯酒薄而邯鄲圍，莊生作而風俗頹，禮與浮雲俱征，偽與利蕩並肆，人以克己為恥，士以無措為通，時無履德之譽，俗有蹈義之愆……。」見《全上古三代秦漢三國六朝文》，頁1624。

「適性」說應用到養生，則為「全理盡年」；推到政治則講無心順有，因任自然而為；說到齊物，又以性得為齊，大小無別，總之，適性則各安所安，同歸逍遙。而「適性」說又本於「自生獨化」之形上思想而來，郭象以「物各自造」，一切存在皆是獨立自足的存在，這種不知所以然而然就稱為自然，就是性，人唯有順性而行，別無可選擇，這是以安於性分之宿命，來換取超脫！

　　他的思想體系就建立在「獨化」與「適性」這兩大綱領上，姑且不論其說是否含有強烈政治色彩——上媚權貴，下撫百姓，光從其體系而論，實足以自圓其說。他所探討的問題，尚稱廣大而深入，他將玄學推向了最圓熟的階段。清朝姚鼐譏郭注為「清言」，從其注之屢用「冥」字，可窺端倪，這是郭象注之特色，我們固不宜忽略之。

第五章 玄釋交融——六家七宗之般若思想

前 言

　　魏晉以降，學術思想丕變，斯時莊、老、周易，號稱「三玄」，居主流地位，在此特有學風下，稱號「玄學時代」；而當時佛學之介紹入中國，比附老、莊，在玄學的「暖馨」氛圍裏，涵濡孕化而逐漸孳育發展。然而此時期的「般若學」，其實亦是玄學的一種，直與《老》、《莊》、《易》等同地位，雖號爲「四玄」可也。因爲當時佛家教義攀援於老、莊，而有「格義」之法，此法爲竺法雅所創，以「經中事數，擬配外書，爲生解之例」(《高僧傳·竺法雅傳》)，由於格義方法之運用，使早期佛學獨具「非佛非道，亦佛亦道」的性質。祇因爲中國文化根底深厚，外來文化想在此地生根，就得攀援中國的學說以立言，而當時莊、老盛行，自然比附玄義矣。且早期佛學偏重般若之性空學，與玄學「貴無」相通，般若經中講無自性、無相，與莊、老之無名、無爲等概念類似，故玄佛易於牽附，且相互激盪，玄理因之拓境，尤其在玄學衰微時，正得佛學之輸液。般若亦附之以光大，佛學就在交融中，逐漸成熟，其特具之「自性」乃獲得普遍自覺，也就是經過批判，而後佛道乃分途。

　　僧叡〈毗摩羅詰提經義疏序〉云：

> 自慧風東扇，法言流咏以來，雖曰講肄，格義迂而乖本，六家偏而
> 不即。

此批評「格義」迂拘與「六家」偏頗，可見當時般若學者存在著兩種方法與風尙。格義是以中土名言概念，尤其老莊玄學去比附佛經，而「六家」是解釋般若經義不同，而有六家七宗之流派。茲分述之。

第一節 格 義

　　佛教輸入中國之一主要特徵是佛經的翻譯，當時高僧，皆爲譯經大師，由傳譯與教義之闡述，奠定佛教盛行中國的堅厚基礎。尤其魏晉時代，玄風普煽，一時朝野士流，無不熱衷玄理、喜好清談，佛學在玄學的氛圍裡，儼然爲玄學的一流，般若空宗與玄學本體之思辨有相似與相通處，可以互相嫁接。名僧闡述佛義，較諸名士闡述玄理，有過之而無不及。僧徒爲了使佛教能打進士流，故與名士交往熱絡，如支孝龍與阮瞻、庾敱等結爲知音之友，世稱爲八達。僧人參與談辯，言行亦染風流，於是有名士與名僧相比配者，如孫綽作〈道賢論〉，以七僧比七賢。帛法祖比嵇康，竺法護比山巨源，以竺法乘比王濬冲，以竺道潛比劉伶，以支道林比向秀，以于法開比阮籍，以于道邃比阮咸。這時僧徒註譯經典或衍伸佛義，每攀援老莊，此即所謂的「格義」也。〔註1〕按格義乃過渡時期，不得已的辦法，因爲當時佛義仍不能把握得準確無誤，對佛家自性未有充分之自覺，且爲直接與名士溝通傳教之方便善巧，故雖有缺點，仍存而不廢。《高僧傳》載：

> （慧遠）年二十四，便就講說。嘗有客聽講，難實相義，往復移時，
> 彌增疑昧。遠乃引《莊子》義爲連類，於是惑者曉然，是後安公特
> 聽慧遠不廢俗書。

所謂「格義」，據《高僧傳・竺法雅傳》云：「以經中事數，擬配外書，爲生解之例，謂之格義。」何謂「事數」呢？《世說・文學》59 載殷浩讀佛經，但不解「事數」（名相）之事，劉孝標注云：「事數，謂若五陰、十二入、四諦、十二因緣、五根、五力、七覺之屬。」則「事數」指佛經之名詞概念也。即以世俗典籍之名詞概念去比附佛學之名詞與術語，並將其同者近者固定下來，做爲以後理解佛教名相的規範。然「格義」本身即是一種限制，以其阻礙對佛學本義的理解，湯用彤先生云：

> （格義）……並逐條著之爲例，其迂拙牽強，可以想見。因此而爲
> 有識者所不取，但格義用意，固在融會中國思想於外來思想之中。
> （《漢魏兩晉南北朝佛教史》）

〔註 1〕 格義於漢末已採用之，慧叡〈喻疑論〉言：「漢末魏初，廣陵彭城二相出家，并能任持大照，尋味之賢，始有講次，而恢之以格義，迂之以配說。」廣泛流行則在魏晉，它是調和外典與佛之矛盾的手段，也是佛教中國化過程之一個環節。

何以此種「迂迴牽強」、「違本乖理」的格義，竟流行了二百多年，且對佛教之傳播有相當大之影響，此何以故？

蓋佛經自印度文字譯爲西域各國文學，其中已有出入，又由西域文譯成了漢文，其出入更大，在語法上迥異，〔註2〕同音異譯或同義異譯的情況屢見不鮮。而西域僧人在轉譯爲漢語時，閡於漢語程度，每不得其精實，《出三藏記集》云當時或「肆意抄撮，或棋散眾品，或瓜剖正文」，故常有不通費解處。而佛義深奧，若直譯之，則礙於思想文化信仰之差距，不易爲中土所理解，譬如佛教基本理論的「緣起」說，及「輪迴果報」之論，用以解釋宇宙及人生現象者，即與中國思想形態格格不入，因爲儒講內聖外王之經世之學，注重今生現實，不講轉世歸寂，不涉鬼神。這些隔閡，使佛教一直受譏毀，等之爲方術。爲圖生存發展，須力謀解決其與中國傳統思想文化之矛盾，因此，向中國學術思想主流之儒道求援，乃變得迫切。所以「格義」主要是爲解決佛教中國化的問題，使佛法與本土思想不悖，在譯經、講經，或闡述經義的撰作時，皆便宜使用之。而能注譯或講解佛典者，大多是文化素養較高者，他們先受儒、玄之洗禮薰陶，先入爲主的影響到其所介紹的佛典之義理。同是在玄學衍盛時，玄學是「無形」的支配力，佛學之介紹，爲適應玄學的說法，不免有改造。

在比附儒家學說上，儒家特重忠、孝之道，佛乃言佛可助王化，如孫綽〈喻道論〉言：「佛有十二部經，其四部專以勸孝爲事」；康僧會以《易》之「積善有慶，積惡餘殃」（〈坤〉卦）及《詩經》中「求福不回」來說佛的果報（〈康僧會傳〉）；慧遠〈沙門不敬王者論〉申言「道法之與名教，如來之與堯孔，發致雖殊，潛相影響，出處誠異，終期則同」。佛徒認爲佛義在開獎人意，感化人心，故「周孔」與「佛」，祇是內外之別，〔註3〕《顏氏家訓·歸心篇》言「內外兩教，本爲一體，……內典初門，設五種禁（去殺、盜、妄言、淫、飲酒），外典仁義禮智信，皆與之符」，儒佛其實是殊途同歸的。

至於引老莊以爲說者，除安世高《安般守意經》之講調息歛心的禪法，與道教之吐納導引可以相附者不論外，時魏晉玄學有貴無、崇有、獨化之論，

〔註2〕如倒裝句，又每常叮嚀反覆，不嫌其煩，刪之則體貌不符。僧叡〈大品經序〉
　　　云：「經來茲土，乃以秦言譯之，典謨乖於殊制，名實喪於不謹。」
〔註3〕孫綽〈喻道論〉云：「周孔即佛，佛即周孔，蓋外內名之耳」，又云：「佛也者，
　　　體道者也。道也者，導物者也，應感順通，無爲而無不爲者也」。

佛亦攀援之，將「性空」說以本體，來附於玄學之「無」。支謙譯《大明度無極經》將「大如品」譯作「本無品」，曰：「一切皆本無，亦復無本無，等無異于真法中本無，諸法本無，無過去當來現在，如來亦爾，是為真本無。」般若學者且立「本無」意，以與玄學「本無」呼應，如琛法師「本無」義云：「本無者，未有色法，先有于無，故從無出有，即無在有先，有在無後，故稱本無」（《中論疏》卷二引），其實般若「性空」與玄學「本無」，其性質內涵大異其趣。「空」就本質言指一切現象乃緣起，本無自性，就現象而言，雖有卻幻化不實，統一「性空」與「假有」，乃得般若之真義，會以玄學之「無」說「空」是曲解。〈鼻奈耶序〉云：

> 經流秦土，有自來矣，隨天竺沙門所持來之經，遇而便出，于十二部，毗曰羅最多，以斯邦老、莊教行，與《方等經》兼忘相似，故因風易行也。

是不得不然，乘利假便，故當時佛學可以說也是玄學的反映，是玄學的一派。以「玄」解「佛」，即所謂的「佛學玄學化」。

為使格義之通展無阻，故當時僧人多兼通內外學，如康僧會「明解三藏，博覽六經」；于道邃「學業高明、內外該覽」；竺法雅「少善外學，長通佛義」、「外典佛經，遞互講說」；支道林講莊子逍遙，「卓然標新理於二家之表，立異義於眾賢之外，皆是諸名賢尋味之所不得」；僧肇「愛好玄微，每以莊老為心要」；慧遠「少為諸生，博綜六經，尤善莊老」，後二人皆皈依佛法，竺法深則「或暢方等，或釋老莊」，名僧輩出，與當時名士交往，互相浸染，佛玄結合，促進佛教哲學之興盛。

然而格義既以「比附配說」，較諸佛經原意，每顯牽強迂拙，不免失實，故終非長久之計。及佛義漸明，釋教之特異處已為人所理解，自然不滿於「迂而乖本」之格義，〔註4〕如道安即言：「先舊格義，于理多違」，〔註5〕佛教勢力逐漸張大，且經典漸備，經義漸明，名詞概念統一，影響力深入社會，此時自不願比附於外書，乃要求從儒道之附從下解放出來，成為獨立宗教。而佛學之「自覺」，是擺脫對外書依賴的最重要因素。

〔註4〕除「格義」外，當時還有「合本」的方法，以不同之譯本相互對照講說，此對促進佛教的發展皆有一定作用。而如何解決佛教中國化乃當時之主題。

〔註5〕道安已看出以中土之名言概念去附會印度佛教之名言概念，實拘礙失實，但時代條件又迫使有識者，不能決然以擺脫玄學的窠臼，故其反對不過是佛義自覺的信號而已！

第二節 六家七宗

西晉末期玄學已到強弩之末，經過郭象、向秀圓融地統合有與無而消弭了有無之爭後，玄學幾乎已無多大發展餘地。其所以造成玄學的疲乏，一方面是思維方式已受既有概念所囿限，再則是玄學所討論天道本體論的範圍及內容都已僵化，所提出的意見大致難逃「貴無」、「崇有」的範圍，或在「名教」與「自然」之辯上兜圈子，了無新意可言。

這個時候最值得重視的事情是佛學在中國已逐漸佔有一席的地位。初時的佛學由於譯經不全而學說擴展無力，往往必須附庸玄理，談玄論道才能將佛學推擠上中國哲學的舞台。在西晉末、東晉初的六家七宗就負有這樣的責任，而染有濃厚的玄學色彩。因為對不完善的般若譯經，了解不一，體會不同，形成眾論競作的局面，於是有「長安本有三家義」之說（吉藏《中論疏》）；亦有「六家七宗，爰延十二」之說（慧達〈肇論序〉）。

「六家七宗」代表著「佛學玄學化」直到「玄學佛學化」的一個歷程；中國人利用自家學說來媒合佛學，六家學說便是一個明確的例子。於是往往有人提及六家七宗其實都是玄學。然而此將牽涉到幾個問題，一是如何判定佛學與玄學？還有，他們之間是如何媒合的？

判定玄學與佛學便涉及一個相當大的課題，即佛學的思惟邏輯與玄學思惟邏輯的差異；如果硬加擴涉，甚至於兼合中國傳統式思惟邏輯的問題，已超出本文所討論範圍，所以目前僅就佛學的基本思惟方式與玄學的思惟方式加以比較，再則是認定其所執意範圍來確認佛學與玄學。這是本文判定佛學與玄學的兩個標準。

再則是六家七宗的代表性問題。「六家七宗」眾說紛紜，首先提出來的是僧叡。然而六家是那六家？後來的說法就很不一致。釋曇濟的「六家七宗論」中提及的六家七宗被公認為是較有可能性的。唐・元康《肇論疏》云：

> 宋莊嚴寺釋曇濟作「六家七宗論」，論有六家，分成七宗，第一本無宗，第二本無異宗，第三即色宗，第四識含宗，第五幻化宗，第六心無宗，第七緣會宗。本有六家，第一家分為二宗，故成七宗也。（大正四五、一六三）

後來的資料包括有「慧達〈肇論序〉」、「安澄《中論疏記》」、「吉藏《中觀論疏》」等，皆涉及六家七宗之般若義及僧肇對三家的批判。茲列表以明：

曇濟 《六家七宗論》	本　　無	本無異	即　色	識　含	幻　化	心　無	緣　會
吉藏 《中論疏》	道安	琛法師 （竺法深）	關內 支道林	于法開	壹法師	溫法師	于道邃
《山門玄義》		竺法深	支道林	于法開	釋道壹	釋僧溫	于道邃
泰法師 《二諦搜玄論》						竺法溫	
慧達 《肇論疏》	道安		支道林			竺法溫	
《中論述義》	道安		支道林			竺法溫	
元康 《肇論疏》		竺法汰	支道林			支愍度	
文才 《肇論新疏》		竺法汰	支道林			道恆	
湯用彤 《漢魏兩晉南北朝佛教史》	道安 （性空宗義）	竺法深、 竺法汰	支道林	于法開	道壹	支愍度 、竺法蘊、道恆	于道邃

六家除本無、即色、心無三家爲大宗外，餘三家於此亦略述之：

　　（一）識含宗：代表是于法開。吉藏《中觀論疏》云：

　　　　三界爲長夜之宅，心識爲大夢之主。今之所見群有，皆于夢中所見。
　　　　其于大夢既覺，長夜獲曉，即倒惑識滅，三界都空。是時無所從生，
　　　　而靡所不生。

《中論疏》又言于法開寫過〈惑識二諦論〉言：

　　　　三界爲長夜之宅，心識爲大夢之主。若覺，三界本空，惑識斯盡，
　　　　位登十地。今謂以惑所睹爲俗，覺時都空爲眞。

三界本空，是無自性故，此即眞諦；而惑識之見，非諸法實相，此爲俗諦。

　　（二）幻化宗：代表爲道壹。吉藏《中觀論疏》云：

　　　　壹法師云：世諦之法，皆如幻化，是故經云：從本以來，未始有也。

安澄《中論疏記》云：

　　　　一切諸法，皆同幻化，同幻化，故名爲世諦。心神猶眞不空，是第
　　　　一義。若神復空，教何所施？誰修道？隔凡成聖，故知神不空。

此提出「心神不空」，而萬有殆如幻化是空。

　　（三）緣會宗：代表是于道邃。吉藏《中觀論疏》云：

明緣會故有，名爲世諦；緣散故即無，稱第一義諦。

《中論疏記》云：

> 于道邃《緣會二諦論》云：緣會故有，是俗；推拆無，是眞。譬如
> 土木合爲舍，舍無前體，有名無實，故佛告羅陀，壞滅色相，無所
> 見。

一切事物皆是因緣結合而生，所謂「緣會故有，緣散故無」，緣會則變化不眞，唯眞如法性，無條件而生，無所從來，亦無所去，乃爲性空眞無。

以上諸家仍未得般若本旨，以其主體性不顯，如識含以聖者解脫見空是眞諦，凡夫見萬法不空，爲俗諦，然般若經以「一切諸法性常自空」，則「空」不衹聖者才有；幻化宗以「境空心不空」之說，此與般若色心乃至泥洹皆空之本義不合；緣會主張須「拆法」乃「明空」，與般若經之不必「推拆」即空無者不合。

湯用彤論「六家七宗」云：

> 六家七宗，蓋均中國人士對於性空本無之解釋也。道安以靜寂說眞
> 際，法深、法汰偏於虛豁之談。其次四宗之分馳，悉在辨別心色之
> 空無。即色言色不自色，識含以三界爲大夢，幻化謂世諦諸法皆空，
> 三者之空，均在色也。而支公力主凝神，于法開言位登十地，道壹
> 謂心神猶眞。三者之空，皆不在心神也。與此三相反，則有心無義。
> 言無心於萬物，萬物未嘗無，乃空心不空境之說也。至若緣會宗既
> 引滅壞色相之言，似亦重色空。

湯氏從而分爲三派：一爲本無，釋本體之空無；二爲即色，包括識含、幻化、緣會，悉主色無；三爲心無，按其基本觀點區分，只有此三派。《中論疏》云：「什師未至，長安本有三家義」，亦指本無、本無異、即色、心無四宗，其他三宗，或因影響不大，且其說近於即色，可併入即色以論之。僧肇〈不眞空論〉所斥破的也是本無、即色、心無三家，其中必有道理在。但僧肇並未提到三家的歷史，而僅就其義理加以評判。他的學說就是建立在超越般若三家義的基礎上的，他對佛學的理解，可稱是魏晉時代的一個里程碑，於是《肇論》一書，自然成爲研究魏晉佛學的要籍。

本章討論的範圍大致環繞著僧肇〈不眞空論〉一文，而欲眞正體會「不眞空」義，須從不眞空義所批判的心無、即色、本無三宗入手，此乃掌握「玄釋交融」到「佛義自覺」的重要線索。

第三節　心無宗

一、心無宗緣起

　　心無宗的創始人到底是誰呢？據日人安澄《中論疏記》引《山門玄義》、泰法師《二諦搜玄論》而知是竺法溫。《中論疏記》卷三末載：

> 疏云：「第四溫法師用心無義等」者，此下第三約心無義而爲言。《山門玄義》第五云：「第一釋僧溫著心無二諦論云：有，有形也，無，無象也。有形不可無，無象不可有，而經稱「色無」者，但内止其心，不空外色。此壹公破，反明色有，故爲俗諦。心無，故爲眞諦也。〈不眞空論〉云：「心無者，無心於萬物，萬物未嘗無。」述義云：「破竺法溫心無義。」《二諦搜玄論》云：「晉竺法溫爲釋法深法師之弟子。」

這裏標明了主張竺法溫爲心無宗創論者有：吉藏《肇論疏》、《山門玄義》、泰法師《二諦搜玄論》、慧達《肇論疏》、《中論述義》等。

　　而竺法溫的學說大致可以歸納爲以下兩點：

1. 「有，有形也，無，無象也。有形不可無，無象不可有。」並且釋「色無」爲「内止其心，不空外色。」

2. 眞諦解爲「心無」，俗諦指稱「色有」。〔註6〕

　　若以竺法溫首倡心無義，則其時代是頗有問題的，因法溫是法深的弟子，而法深生卒年爲西元286～374年，以常理推之，法溫應與道安同時，立說年代應在西元339年以後，亦即支愍度過江後。僧傳中言道恒持心無義大行荊土之記載（約爲西元370年）顯有不符。故陳寅恪先生指稱心無宗應爲支愍度所創。〔註7〕

　　支愍度所創心無宗爲何？據《世說新語・假譎篇》11載：

> 愍度道人始欲過江，與一傖道人爲侶，謀曰：「用舊義在江東，恐不辦得食。」便共立「心無義」。既而此道人不成渡，愍度果講義積年。

〔註6〕竺法溫學說殘缺不全，今人所考俱斷簡殘篇；依蔡纓勳〈僧肇般若思想（以不眞空論爲主）之研究〉謂法溫學說内涵有三：1.不空外色；2.無心之主觀實證工夫；3.立二諦義。謂法溫以「心無」爲理境論，而以「無心」是其工夫論。詳見氏著，收錄於《國立台灣師範大學國文研究所集刊》第30期（西元1986年），頁422～423。

〔註7〕以上年代考殆依陳寅恪〈支愍度學說考〉《金明叢稿初編》（上海：上海古籍出版社，西元1980年）。

後有傖道人來，先道人寄語云：「爲我致意愍度，無義那可立？治此
計，權救飢爾！無爲遂負如來也。」

而劉孝標注文言其「新義」說：

舊義者曰：「種智有是，而能圓照。然則萬累斯盡，謂之空無；常住
不變，謂之妙有。」而無義者曰：「種智之體，豁如太虛，虛而能知，
無而能應。居宗至極，其唯無乎？」

主張支愍度爲心無宗之創始者另有元康。元康《肇論》云：

心無者，破晉代支愍度心無義也。《世說》注云：「愍度欲過江，與
一傖道人爲侶云云。」從是以後此義大行。

元康亦是根據《世說》而來。可知元康《二諦義》中提及心無義，應指支愍
度之說。該說稱：

學二諦成一有諦者，有二義。一者即鼠嘍栗二諦；二者心無義。……
言心無義者，然此義從來太久，什師之前道安竺法護之時，已有此
義。言心無義者，亦引經云：色色性空者，明色不可空，但空於心，
以得空觀，故言色空，色終不可空也。肇師破此義，明得在於神靜，
失在於物虛。得在神靜者明心空，此言爲得。色不可空，此義爲失
也。然此之兩釋，並是學二諦失二諦。

可見支愍度學說之內涵大致可分爲以下兩點：

1. 「種智之體，豁如太虛，虛而能知，無而能應。居宗至極，其唯無乎」。
   亦即心「豁如太虛」，「能知」、「能應」，而強調心之「無」。

2. 色不可空。但空於心，以得空觀，故言色空。實際上是說「色有」。

然心無宗果爲支愍度所創的嗎？由於倡此說者殆循《世說》而來，而《世
說》記載並非完全正確，故有可疑之處。以劉孝標注文而知「『種智』是有，
而能圓照」是舊義。且「『常住不變』謂之妙有」。起碼有三點值得爭議：

1. 「種智」之用語，由今考之可能始於鳩摩羅什，孝標注文則有誤矣。但
   因經籍缺佚，此點並不足爲慮。

2. 「常住不變」乃《涅槃經》中所特有。當時《涅槃經》尙未譯出。

3. 最重要的是，今觀孝標之注文而知舊義反而較契般若原義。依其時代，
   諸家並出，解經各異，舊義所指何人？不無可疑，且考其意，似不屬
   六家之內，在當時有此一「舊義」說否？足堪疑惑。

所以《世說》注文在引用上不無疑義。然揆其謬誤既在「舊義」，姑以「新

義」爲支愍度「心無義」。

此外疑爲心無義創論者爲道**恒**，其學說不可知，以慧遠所諷，此說應與《易經》極有關連。〔註8〕另有劉遺民、桓玄等曾論及心無義，依時間來看，它應是末期之心無義。

二、竺法溫學說

《二諦搜玄論》提及溫之學說時言其曾制「心無論」云：

> 夫有，有形者也，無，無像者也。有像不言無，無形不可言有。而經稱色無者，但內止其心，不滯外色。外色不存餘情之內，非無如何？豈謂廓然無形，而爲無色乎？

此與山門玄義之意無異也。其學說要點仍不脫「色有」、「心無」之義。此與僧肇所批評的「心無者，無心於萬物，萬物未嘗無」是相同的。心無論者不空外物，而內止其心，以有形世界爲即「有」非無，認定在主觀上排除外物對心的干擾，乃保心神之安靜虛寂，實是心物皆有。故吉藏《中觀論疏》云：

> ……欲令心體虛妄不執，故言無耳，不空外物，即萬物之境不空。

再則是其「二諦」義。慧達《肇論疏》中稱：

> 竺法溫心無論云：夫有，有形者也，無，無像者也，有像不可言無，無形不可言有。而經稱色無者，但內止其心，不空外色，但內停其心，令不想外色，即色想廢矣。

竺法溫在此界定「有」、「無」之內容意義，且立二諦義，一爲心不執著萬物，而達「色無」的境界，是其自以爲之「眞諦」（本），二爲萬物之境不空，以境爲緣起，是有，乃「俗諦」（末），眞俗之際概非佛說。

故此種「物我」皆有的哲學實非佛學，而是改頭換面的玄學罷了。其認爲「物有」有「崇有論」嫌疑，〔註9〕而說「內止其心」又頗類「貴無」派。〔註10〕

〔註8〕 見《高僧傳·法汰傳》稱：「時沙門道**恒**，頗有才力，常執心無義，大行荊土。……慧遠就席攻難數番，關責鋒起，**恒**自覺義途差異，神色微動、塵尾扣案，未即有答。遠曰：『不疾而速，杼軸何爲？』座者皆笑矣。心無之義，於此而息。」故知道**恒**之「心無義」必與《易經》有關，或賞引用易理以解佛學。

〔註9〕 〈崇有論〉反對無能生有，而主張濟有者爲有，「（老子）以無爲辭，旨在全有」，此與「心無宗」主張「物有」相似。

〔註10〕 韓康伯注《易·繫辭》云：「夫非忘象者則無以制象，非遺數者無以極數，至精者無籌策而不可亂，至變者體一而無不同，至神者寂然而無不應」，正指「心無」而能御象。

三、支愍度學說

孫綽在〈道賢論〉中有支愍度贊，說他：「支度彬彬，好是拔新。俱稟昭見，而能越人。世重秀異，咸競爾珍，孤桐嶧陽，浮磬泗濱。」目前所知的作品殆爲合經、別錄，包括《合維摩經》、《合首楞嚴經》、《經論都錄》、《別錄》等作品。〔註11〕學說依元康《肇論疏》曰：

> 心無者，破晉代支愍度心無義也。……無心萬物，萬物未嘗無者，謂經中言空者，但於物上不起執心，故言其空，然物是有，不曾無也。此得在於神靜，失在物虛者，正破也，能在法上無執，故名爲得，不知物性是空，故名爲失也。

以支愍度首創「心無」，故爲僧肇所破也。言其對空觀的理解，偏於主體方面，認爲主觀上心如太虛，不滯於物，即達般若之空觀，而對於外物，仍承認是有，此殆尋「末」（有）而忘「本」（性空）者。

於此可以考見，其實支愍度和竺法溫二者之意應實同一，均意指「物有」，而內求「心無」，故即若把支愍度之說視爲溫之說亦無大謬，若有小異，則是支愍度是在「心虛而能知，無而能應」上說「心無」；竺法溫是在「無心於萬物」的意義上說「心無」。今共評之，而討論其與玄學之關係。

四、心無宗與玄學之關連

前已言之，心無宗的學說大要在承認有形之物是「有」而非「無」，也不可能使之「無」，故「有爲實有，色爲眞色」。祇要「無心」，不執著於外物，也就是不於物上起執心，能「內止其心」、「內停其心」，不滯外色，不想外色，則色想廢矣。經中所言之「空無」，就「心無宗」而言，不過是指心體虛妄不執的狀態，並非以外物爲「無」。

心無派這種不執著於物的觀點，與玄學〈崇有論〉相通之處歷歷可見。裴頠所持之〈崇有論〉，乃在破「虛無」之說，〈崇有論〉云：

〔註11〕今所知之作品如下：合《維摩詰經》五卷（合支謙竺法護竺叔蘭所出《維摩詰》三本，合爲一部）、合《首楞嚴經》八卷（合支讖支謙竺法護竺叔蘭所出《首楞嚴》四本，合爲一部，或爲五卷。）上二部凡十三卷，晉惠帝世沙門支愍度所集。其合《首楞嚴》，傳云：「亦愍度所集。既闕注目，未詳信否。」見僧祐《出三藏記集》卷二。《經論都錄》一卷。（《別錄》一卷），右晉成帝豫章山沙門支愍度撰。其人總校古今群經，故撰都錄。愍度又撰《別錄》一部，見智昇《開元釋教錄》卷十。

夫至無者無以能生，故始生者自生也。自生而必體「有」，則「有」遺而生虧矣。生以有為己分，則虛無是「有」之所謂遺者也。故養既化之有，非無用之所能全也。理既有之眾，非無為之所能循也。

裴頠主張「濟有者皆有」也，又以「無」者旨在全「有」，此與心無派說法「空」物「有」有類似處。〔註12〕且玄學「崇有」在破「貴無」，般若「心無」亦與「本無」對立，以「本無」則心物皆無，而「心無」則實心物皆有，故「心無」乃稱之六家七宗的「崇有派」，其說或受玄學「崇有派」之影響。

二則是心無宗所指稱之「無而能應」、「虛而能知」實與貴無派的「無」旨趣相同。如：

王弼《老子》注云：

天地雖廣，以無為心；聖王雖大，以虛為主。

郭象《莊子‧齊物論》注云：

至人之心若鏡，應而不藏，故曠然無盈虛之變也。

〈人間世題注〉云：

唯無心而不自用者，為能隨變所適，而不荷其累。

又〈人間世〉注：

以有心而往，無往而可，無心而應，其應自來。則無往而不可也。……

虛其心則至道集於懷也。

郭象莊注中，以「無心」為順著自然，隨變所適，此即「無心順有」也。提出「虛而能知」的支愍度實乃在玄學的氛圍中援引玄理以成其說，故處處與玄學相契而不符佛義，可知其「講義積年」，實因玄思，而非闡述佛義。

五、後期心無宗之學說

在竺法溫、支愍度之外，持心無說或曾談論心無者尚有道恆、劉遺民、桓玄。姑且名之為後期心無宗。因心無宗流傳甚久，其思想乃略有轉變。

安澄《中論疏記》云：

沙門道恆執心無義，只是資學法溫之學，非自意之所立，後支愍度追學前義，故元康師云：「破支愍度心無義」，以其尋末忘本也。

安澄之說在時間上有極大謬差，此不待言，但昔人以為竺法溫、道恆、支愍

〔註12〕然「心無」乃主觀工夫之顯呈，而裴頠所措之「無」乃「不存在」或「零」。此亦加以區別檢定。

度三人間學說有傳承關係，可能非安澄僅見而已。三人之義同乃稱其傳承應不謬。在時間上，三人亦相近。《高僧傳》中又云及慧遠破心無義中稱：「不疾而速，杼軸何爲？」以致坐者皆笑。心無之義，於是而「息」。在時間上此約在西元 355 年，心無義依《高僧傳》應「止息」才對。怎麼到了僧肇時仍「死灰復燃」呢？

疑《高僧傳》有誤。而《出三藏記集》卷十二宋陸澄「法論目錄」第一帙載：

> 心無義，桓敬道（玄），王稚遠（謐）難，桓答。
>
> 釋心無義　劉遺民。

則東晉末年，心無義猶未息也。陳寅恪先生在〈支愍度學說考〉一文中言桓玄或在道**恒**辯輸後，以無事之身，漸染風習，而揚「心無」之餘波。至於劉遺民的「心無義」見其〈致僧肇書〉云：

> 聖心冥極，理極同無，不疾而疾，不徐而徐，是以知不廢寂，寂不廢知，未始不寂，未始不知，故其運物成功化世之道，雖處有名之中，而遠與無名同。

僧肇回答說：

> 聞聖有知，謂之有心；聞聖無知，謂等太虛。

他認爲聖心體用合一，動靜一如，以其「不有不無，其神乃虛」和「處有名之中，而遠與無名同」是截然不同的。此時劉遺民所提出來的「心無」，在用語及義理上顯然與支愍度那種「豁如太虛」相似，但析理更進一層。乃知「處有名之中」而「理極同無」。不過仍與「虛而能知」無異，殆與《周易·繫辭》中是一致的：

> 易，無思也，無爲也。寂然不動，感而遂通天下之故。……唯神也，故不疾而速，不行而至。

故可確定，心無義是取當時有關聖人無知、無欲等命題，而宣稱空心不空物，其與玄學仍有很深的關聯。

第四節　本無宗

一、本無宗緣起

六家七宗中引起爭議最多的當屬本無宗。蓋「本無」在東漢末年，魏晉初乃是諸經中最常見的語彙，所以王洽〈與支道林書〉中有：「今本無之談旨，

略例坦然，每經明之，可謂眾矣。然造精之言，誠難爲允；理詣其極，通之未易。豈可以通之不易，因廣同異之說？遂令空有之談，紛然大殊，後學遲疑，莫知所擬。」在當時不但是道安以「本無」來說明般若，支道林也常用此語，支道林〈大小品對比要鈔序〉中有「盡群靈之本無」，而〈閒首菩薩讚〉中亦云：「何以絕塵跡？忘一歸本無。」這是因爲當時流傳的道行般若經每每以「本無」來解「實相」及「法性」、「眞如」者，如《道行經》中有：

> 如諸法本無，須陀洹道亦本無，斯陀含道亦本無，阿那含道亦本無，
> 阿羅漢道，辟支佛道亦本無，怛薩阿竭亦復本無，一本無無有異，
> 無所不入，悉知一切。

《大明度》的翻譯亦滿紙「本無」：

> 諸法亦本無……緣一覺本無，如來亦本無，一本無無異，無所往，
> 無所止，無想無盡。

所以《肇論・宗本義》云：

> 本無、實相、法性、性空、緣會一義耳。

因爲「本無」幾爲般若學之別名，是般若之泛稱，所以同是「本無」，其理論之差歧却甚大，有就五陰言諸法「本無」，有襲中國氣化說以言「本無」，有不出玄學「貴無」，未能領會佛經非有非無之眞如法性之「本無」，諸說雜陳，觀點有異。後來鳩摩羅什譯經時，一律改以「如」字，此是跳出玄學糾葛，自創語彙，爲佛學自覺的徵兆之一，故本無本在說明般若性空，若要明指孰是本無宗，孰非本無宗，實有困難。

今考「本無」學說的提倡者可能包括以下數人：道安、慧遠、竺法汰、竺法深。而明指本無宗即是道安的包括吉藏《中觀論疏》，慧達《肇論疏》、《中論述義》。吉藏還指出琛法師的本無是不一樣的。《中觀論疏》裏面提到：

> 琛法師云：「本無者，未有色陰，先有於無，故從無出有。即無在有
> 先，有在無後，故稱本無。此釋爲肇公〈不眞空論〉之所破，亦經論
> 之所未明也。若無在有前，則非有本性是無，即前無後有，從有還無。」

這個本無宗，大致上即是「本無異宗」。日人安澄《中論疏記》引《二諦搜玄論》說明「本無異」時就有這樣的說法：

> 《二諦搜玄論》十三宗中本無異宗，其製論云：夫無者何也？寥然
> 無形，而萬物由之而生者也。有雖可生，而無能生萬物。故佛答梵
> 志，四大從空生也。《山門玄義》第五卷〈二諦章〉下云：復有竺法

> 深，即云：諸法本無，壑然無形，爲第一義諦；所生萬物，名爲世
> 諦。故佛答梵志：四大從空而生。准之可悉。

這裡並沒有直指本無異宗即法深，但有這種意思。這是僅見竺法深的資料，沒有辦法確定他是否眞的是本無異宗，只能以推理行之。而且其「本無異」是以「本無」來說般若，沒有用「諸法本無異」來說，可見後人論定本無異宗是竺法深或法汰的證據是很有問題的。目前僅能說它是另一種本無說，與道安的學說並不相同。

至於竺法汰是本無異宗（元才《肇論疏》）的資料也很薄弱，目前資料僅見《高僧傳‧法汰傳》有載：「汰所著義疏，並與郗超書論本無義，皆行於世。」郗超是講即色宗的，所以「本無義」應是法汰所倡。然法汰又是道安的同學，之間便多牽葛。蓋出自同門（佛圖澄），義理應近。如果法汰所持乃本無異，道安持本無，則兩者學說應有某一程度相雷同或近似。否則道安也不會派法汰南渡弘法去宣揚與般若不契的學說。〔註13〕所以認定本無異宗是法深、法汰實值得懷疑。或者是與本無學說應相近才對。至於法汰的學說內容，殆無可考，僅知其頗有名士風采而已。

二、法深的本無義

法深是東晉名僧，恐即是竺道潛，據《高僧傳》言潛字法深，曾於御筵前講大品，通般若亦諳老莊。比道安約早二十餘年。他的本無義已散佚，前面所引的即是他僅有的資料。考其學說，可以看出以下兩點：

1、強調「無」先於「有」，所以稱「本無」。

> 本無者，未有色法，先有於無，故從無出有。即無在有先，有在無
> 後，故稱本無。

將「有」與「無」視之爲一對待性的有無，於是以玄學的想法說「先有於無」，是標準的「貴無思想」。根本不解佛理中的本無，而是借玄學去解本無。且不了解「法空」不是「無法」，斷言「未有色法」而變成一種「斷滅空」。

〔註13〕《高僧傳》卷五〈法汰傳〉云：「竺法汰，東莞人，少與道安同學，雖才辯不逮，而姿貌過之，與道安避難行至新野，安分張徒眾，命汰下京。臨別謂安曰：『法師儀軌西北，下座弘教東南，江湖道術，此焉相忘矣。至於高會淨國，當期之歲寒耳。』」於是分手泣涕而別。

2、以為「無」即是「空」。

　　有雖可生，而「無」能生萬物。故佛答梵志，四大從空生也。

　　「無」與「空」大有不同。僧肇解空乃以「非有非無」解之，所以「四大從空」與「無能生萬物」毫無瓜葛，法深不解，竟直接以玄學與佛經章句比附，可見其並不知般若原意。

　　法深的思致幾乎全是玄學，而以玄學的「無」來說明佛學的「空」，此是「好無之談」者，故吉藏說他為肇公所呵，實不無可能。但仍有兩點值得提出討論：

　　（一）是法深早道安二十六年，早於僧肇七、八十年，僧肇在關中固然有可能批判數十年或近百年學說，然不可能不顧忌到道安亦倡「本無」，且道安之說亦在關中，此時間之傳續上極須注意。

　　（二）是法深強調「無」固然與僧肇所批評的「多觸言以賓無」的「本無者」相同，但是兩者之間仍有小異。因為僧肇批評的「本無者」是如此的：「情尚于無，多觸言以賓無，故非有，有即無；非無，無即無。」這一家的學說顯然把「非有」當成「無」，「非無」也當成「無」，強調「無」的作用，未曾完全跨越「無能生有」的玄學觀，却較所謂「虛豁之中能生萬有」的法深更近佛理中的「空」，甚至類似「心無宗」。

　　這兩個問題的答案可能無從得到解答，勉強推論，或可說到僧肇時，法深的學說早已有改變，僧肇批評的正是此宗。二則道安的學說有可能在當時不稱之為「本無宗」，所以僧肇所指的本無與道安無關；否則就時代以及道安當時聲譽而言，除非道安學說真有不確，僧肇不應斥呵其「本無」義。

　　元康說道安作〈性空論〉，而道安學生僧叡〈大品經序〉上提及道安標玄旨於「性空」，其言曰：

　　　亡師安和尚，鑿荒塗以開轍，標玄旨於性空，落乖蹤而直達，殆不

　　　以謬文為閡也。亹亹之功，思過其半，邁之遠矣。

又言：「性空之宗，以今驗之，最得其實」，以道安提出「識神性空」之理，另慧達亦以道安創性空宗，故呂澂逕以道安為「性空宗」，稱「性空宗」是免造成歷史資料的不合理。

三、道安「性空」宗之學說

　　稱道安為性空宗，並不表示道安的學說與「本無」無關，只是避免造成混淆而已。道安學說與法深不同是必須加以肯定的。然則道安的學說為何？

於此明之：

　　強調道安是本無宗的諸家學說包括吉藏《中觀論疏》，慧達《肇論疏》，茲將其文錄於後：

　　　　吉藏《中論疏》因緣品釋道安本無義曰：「謂無在萬化之前，空爲眾形之始。夫人之所滯，滯在末有，若宅心本無，則異想便息。……。安公明本無者。一切諸法，本性空寂，故云本無。此與方等經論，什、肇山門無異也。

慧達《肇論疏》：第三解本無者，彌天釋道安法師《本無論》云：

　　　　明本無者，稱如來興世，以本無弘教，故方等深經，皆云五陰本無。本無之論，由來尚矣。須得彼義，爲是本無。明如來興世，只以本無化物。若能苟解無本，即思異息矣。但不能悟諸法本來是無，所以名本無爲眞，末有爲俗耳。

吉藏和慧達所提出來的道安學說，顯然都不是僧肇所斥破的本無，僧肇所說的本無者是如此的：

　　　　本無者，情尚於無，多觸言以賓無，故非有，有即無，非無，無亦無。尋夫立文之本旨者，直以非有非眞有，非無非眞無耳。何必非有無此有，非無無彼無？此直好無之談，豈謂順通事實，即物之情哉？

僧肇在此批評「本無者」強以「無」說「有」，「有」是「無」，「無」還是「無」，這種執「無」以見事物，自然不能「順通事實，即物之情」，反而落入虛無斷滅空，而有濃厚的「貴無」色彩，此即判定僧肇所呵者可能爲法深的緣故。這一派的本無宗沒有「法」的認識，強說「無」，不明白「法有」而偏執法無有，這種壓抑性的無，在概念上是強執一切虛無。

　　道安的學說是不是這樣呢？且暫置道安現存的作品而討論吉藏在《中觀論疏》中所提的，顯然是不同的。「安公明本無者，一切諸法本性空寂，故云本無。」其所以無，是因爲「法空」，不是全然無有，故不落入虛執的「無」，此從「若能託心本無，則異想便息」之言可知。就此來看，吉藏所述道安的學說必定不是僧肇所破的「本無宗」。但是不可避免地，吉藏所述的道安之學仍有玄學的影子，因爲「無在萬化之前，空爲眾形之始」就分明把空、無比爲生化物形的本體。般若經不以「無」能生「有」，那是緣起法有的虛幻，雖不有但也不無，謂「無」在萬化之前是玄學家的說法，並非佛說。

　　再就慧達《肇論疏》來看，該疏說：

明本無者，稱如來興世，以本無弘教，故方等深經，皆云五陰本無。
這一段敍述與曇濟〈六家七宗論〉（見《名僧傳抄》）的敍述極爲相近，疑爲
同源。但是《名僧傳抄》中並未言「本無」即道安。茲抄錄於後：

> 第一本無立宗曰：「如來興世，以本無弘教。故《方等》深經，皆備
> 明五陰本無。本無之論，由來尚矣。何者？夫冥造之前，廓然而已。
> 至於元氣陶化，則群像稟形，形雖資化，權化之本，則出於自然，
> 自然自爾。豈有造之者！由此而言，無在元化之先，空爲眾形之始，
> 故稱本無。非謂虛豁中能生萬有也。夫人之所滯，滯在末有，宅心
> 本無，則斯累豁矣。夫崇本可以息末，蓋此。」

這裏多出來的一段話是「至於元氣陶化，則群像稟形，形雖資化，權化之本。
則出於自然，自然自爾，豈有造之者！」這一段話顯然有很濃厚的玄學氣質，
頗類向郭獨化論學說，而脫離佛理境界。蓋「元氣陶化」所指明顯非「法」，
「群像稟形，形雖資化，權化之本，則出於自然。」更落入有形跡的實體世
界。而承認外界有不出於因緣自造，謂「豈有造之者」不契般若思想，故以
道安爲「本無」且近於玄學「貴無」。然而道安晚期學說，顯然與玄學已大異
其趣。

道安本人遺留下來的作品大多爲經序，這些片段中亦很難尋求出「性空」
本旨。其所存留下來的作品，較重要的包括有〈安般注序〉、〈陰持入經序〉、
〈大十二門經序〉、〈摩訶鉢羅若波羅蜜經鈔序〉、〈道行經序〉、〈合放光光讚
隨略解序〉等。今試將其作品分開討論，而視道安作品有前期以及後期之分，
而大致以反對格義來劃爲前後期。〔註14〕

前期包括有〈十二門經序〉、〈大十二門經序〉、〈陰持入經序〉、〈道地經
序〉。這個時期（即西元 349 年，道安三十八歲）的作品有很濃厚的玄學色彩。
試考以下諸文之語句，可見其用語頗受老莊影響，如：

> 〈十二門經序〉云：「世人遊此，猶登春臺。」
> 按：「春登臺」，見《老子·二十章》：「眾人熙熙，如享太牢，如春登臺，
> 我獨泊兮其未兆，如嬰兒之未孩。」
> 又云：「聖人見強梁者不得其死。」
> 按：「強梁者不得其死」，見《老子·四十二章》：「強梁者，不得其死。」
> 其中又有「醇德邃厚，呪（咒）不措角。」

〔註14〕詳見田博元撰之《釋道安研究》（台北：原泉出版社，西元 1982 年）。

按：「兕不措角」，見《老子·五十章》：「兕無所投其角，虎無所措其爪，兵無所容其刃。」

〈大十二門經序〉言：「執古以御有，心妙以了色。」

按：「執古御有」，見《老子·十四章》：「執古之道，以御今之有。」

〈陰持入經序〉：「譯梵為晉，微顯闡幽。」

按：「微顯闡幽」，見《易·繫辭》下：「夫易，往而察來，而微顯闡幽，開而當名。」

〈陰持入經序〉云：「以大寂為至樂，五音不能聾其耳矣。」

按：「五音」，見《老子·十二章》：「五音，令人耳聾。」

又云：「以無為為滋味，五味不能爽其口。」

按：「五味」，見《老子·十二章》：「五味，令人口爽。」

《道地經》中又有：「含弘靜泊，綿綿若存。」

按：「綿綿」語存《老子·六章》：「玄牝之門，是謂天地根，綿綿若存，用之不勤。」

又云：「乃為有不言之教，陳無轍之軌。」

按：「不言之教」，語出《老子·二章》：「是以聖人處無為之事，行不言之教。」〈四十三章〉亦云：「不言之教，無為之益，天下希及之。」

又云：「率由斯路，歸精谷神。」

按：「谷神」，語出《老子·六章》：「谷神不死，是謂玄牝。」

可見彼時道安甚受玄學影響，所以習鑿齒在西元 368 年，道安五十七歲時拜訪道安後，修書給謝安說他「內外群書，略皆遍睹，陰陽算數，亦皆能通。」全文見《高僧傳·道安傳》云：

時襄陽鑿齒，鋒辯天逸，籠罩當時，其先聞安高名，早已致書通好。……及聞安至止，即往修造。既坐，稱言「四海習鑿齒」，安曰：「彌天釋道安」，時人以為名答。齒後餉梨十枚，正值眾食，便手自剖分，梨盡人遍，無參差者…。習鑿齒與謝安書云：「來此見釋道安，故是遠勝，非常道士，師徒數百，齋講不倦，無變化技術，可以惑常人之耳目；無重威大勢，可以整群小之參差。而師徒肅肅，自相尊敬，洋洋濟濟，乃是吾由來所未見。其人理懷簡衷，多所博涉，內外群書，略皆徧觀，陰陽算數，亦皆能通，佛經妙義，故所遊刃。作義乃似法蘭法道，恨足下不同日而見。」

此時的道安應未廢俗書。道安於襄陽注經是在西元 365 年開始，慧遠離開時（西元 377 年），道安六十六歲。其批判格義，應在此一段期間。〔註15〕

而現存道安作品中較富有玄學色彩的〈安般注序〉疑亦在此一時期。〈安般注序〉中有玄學色彩的句子茲列於後：

> 階差者，損之又損之，以至於無為。

按：「損之又損之，以至於無為」，見《老子‧四十八章》：「損之又損，以至於無為。」

〈安般注序〉云：「無形而不因，故能開物。無事而不適，故能成務。」「開物成務」，見《易‧繫辭》上：「夫易，開物成務，冒天下之道，如斯而已者也。」

此一時期的道安儘管富有濃厚的玄學色彩，但並不違佛學。〈大十二門經中序〉中載：

> 夫婬義存乎解色，不係防閑也，有絕存乎解形，不係念空也。色解則冶容不能轉，形解則無色不能滯。

已提出「解形」才能絕「存有」，便是「非有」，不是在於意念上的虛空；而「色解」使「冶容不能轉」，「形解」使「無色不能滯」提出破虛幻相的「解色」、「解形」，其實便是破解「因緣法有」，而得「法空」的境界。接下去的一段他更提到：不是虛空的無，乃是在於「心妙以了色」：

> 不滯者，雖游空無識，泊然永壽，莫足礙之，之謂真也。何者？執古以御有，心妙以了色，雖群居猶芻靈，泥洹猶如幻，豈多制形而重無色哉？是故，聖人以禪防淫，淫無遺焉。以四空滅有，有無現焉。淫之有息，要在明乎萬形之未始有，百化猶逆旅也。

若能通過心識作用，消融末有，這樣就不會誤無為有，便達到所謂不有不無的「空」的境界。可見彼時的道安已了解何謂真空妙有，不致心無而物有，也不會執玄學的有無而變成「斷滅空」。但是此時的道安仍有玄學習氣，即使到了晚年，仍不免有此嫌疑。

西元 376 年作的〈合放光光讚隨略解序〉中仍有這樣的句子：「真際者，

〔註15〕又有一說是安公潛隱飛龍山，約在東晉穆帝永和五年（西元 349 年），時安公三十八歲，安曰：「先舊格義，於理多違。」光曰：「且當分析逍遙，何容是非先達？」安曰：「弘贊理教，宜令允愜，法鼓競鳴，何先何後？」（《高僧傳‧僧先傳》）

無所著也，泊然不動，湛爾玄齊，無為也，無不為也。」此引用老莊字句來說明真際（真如），其實並無不可。只要通達真義，便不致有所謬誤。道安知之，故不祇以「無」來說明真如，所以下一句便謂其有是「法有」：「萬法有為，而此法淵默，故曰無所有者，是法之真也。」萬法有為是「法有」，道安不類本無異的法琛說法無；而言「此法淵默」，是藉以說明真際不受法的作用而寂然不動，故「無所有者是法之真也。」此契般若經義，只是未用及後來的佛經語彙，如法有是「假有」，其以對等性的「法真」來顯示「法假有」，至於因緣學說，顯為道安所少用，可見道安應非僧肇批判的對象，其理固明。

僧肇言本無宗謂「多觸言以賓無」，而道安未以強制性稱述「無」，而反說「萬法有為」，此須加以注意。再則是僧肇稱「故非有，非即無，非無，無亦無。」這種「有無皆無」的本無宗與道安所言「執古以御有，心妙以了色」的旨趣大異；道安重視「心妙」的作用，不承認外有（因百化猶逆旅也），但亦不否定法有，此與僧肇的法有假有，即物順通的「至人之心」是相同的，故僧肇理非批判道安。難怪僧叡會在〈毗摩羅詰提經序〉中說：「格義迂而乖本，六家偏而不即，性空之宗，以今驗之，最得其實。」這點應是可信的，而非因師徒之情而有所偏袒。但是由於道安早期多用玄學語彙，所以後人多在其間尋找他與玄學的牽連，於是亦有人（如湯丹彤先生）謂道安受到玄學貴無論很大的影響，這一點也是必須加以考證的。

至於吉藏所稱道安之學，與慧達《肇論疏》所指之道安，如無謬誤，則應是早期的道安，而非後來的道安。

四、道安與貴無思想的關涉

道安之所以被疑與玄學貴無有極大關連絕非空穴來風，道安早期之作品頗有玄學氣味已無可議，且諸早期作品中有「虛無」傾向，與貴無思想頗類似。如《安般經注》之「無為故無形而不因，無欲故無事而不適，無形而不因，故能開物，無事而不適，故能成務。」把開物成務視之為「無」的作用，此與王弼《老子指略》：「夫物之所以生，功之所以成，必生乎無形，由乎無名，無形無名者，萬物之宗也」，又何晏、王弼立說以「天地萬物皆以無為本，無也者，開物成務，無往而不存」（〈王衍傳〉）又云：「道者，無之稱也，無不通也，無不由也」（《論語釋疑》）之說意趣相投。故將道安早期學說本旨解釋為「無」，並不太離譜，一如《陰持入經》中這個「無」乃是「唯神也」，

故不言而成，「唯妙矣」，故不行而至。神與妙的作用在「成」與「至」便不合般若真諦，其與《易·繫辭》中的易是一樣的：「故不疾而速，不行而至。」這種神、妙、無的作用，亦即王、何貴無所標旨的「無」之作用。道安之學無形中已向王、何貴無靠齊。

且《安般經》中又直接以「寂」、「有」，「本」、「末」來說明。（未執寂以御有，崇本以動末，有何難也。）加之後人多引慧達、吉藏所言「無在萬化之先，空為眾形之始」之句，更凸顯了道安早期所謂的「無」、「神」、「妙」的心識作用。所以稱道安之說無異玄學貴無並非無由，但未窺道安全貌。王弼說「反本歸寂」（《老子·十六章》注），且在《周易·復·象》注說「崇本息末，以靜制動」，雖與道安的「崇本動末，執寂御有」相近，但是在此必須注意到的是，王弼強調的心識作用和道安的心識作用立足點是不同的。亦即王弼要崇本而心靜心無，這種「無」不是「空」，也非虛無，而是《易·繫辭》中的「不疾而速」、「感而遂通」，有變化性的「無」。

道安心識作用的「無」是「本無」，寂是心中無知無欲而觀照萬物，認清法相的「無」。和玄學的「無」仍有相當程度的差異。王弼的「反本歸寂」是回復到渾沌平和的心理狀態；佛理中的「本無」、「泥洹」則超脫之，尋求更空明的層次。儘管道安在〈鼻奈耶序〉中稱：「以斯邦人老莊教行，與《方等經》兼忘相似，故因風易行也。」但畢竟不得苟通，所以道安會反對「格義」。因此，若將道安的「無」視為老莊玄學的「無」，在境界雖然相似，但畢竟有別，不可混淆。道安被疑為貴無學派最大癥結可能是文字語彙，而非「本無」的思想。所以今日我們對道安評價，仍不得以一玄學家視之；且觀諸道安的行徑，可以確認其不僅為一傑出的佛學家，且為一篤實的佛教徒。

第五節　即色宗

據黃錦鋐先生於〈莊子逍遙義與般若學即色派之關聯性〉一文中認為支遁的即色派，「可以說是本無派和心無派的綜合」，其根據為《世說·文學》35 注所引支遁之說：

> 夫色之性也，不自有色。色不自有，雖色而空。故曰色即為空，色
> 復異空。

從「色不自有」之命題看來，否定物質客觀的存在，故言「色即是空」。但從

「色復異空」的命題看來，是承認宇宙客觀的物質是存在的。前者爲「本無」宗所主，後者爲「心無」宗所主。即色義有「無物於物，故能齊于物」，此與心無義言無心於萬物相通，而言「盡群靈之本無」則與本無義之「崇本息末」說近。所以即色義與向、郭義近，是向、郭「游外冥內」之說的批判進展。向、郭《莊注》是貴無與崇有的綜合，而即色亦是心無與本無的綜合，然支道林即色義實又超向、郭義而上之。

一、即色宗緣起

即色宗的創始人物爲支道林。包括元康《肇論疏》、文才《肇論新疏》、《中論述義》、《山門玄義》，俱無異議。惟有吉藏《中論疏》中提出即色義有兩宗，一爲關內即色義，一爲支道林即色義。吉藏是這麼說的：

> 即色有兩家，一者關內即色義，明即色是空者，此明色無自性，故言即色是空，不言即色是本性空也，此義爲肇公所呵，肇公云：「此乃悟色而不自色，未領色非色也。」

這點是頗值得懷疑的：原因是其他資料並沒有提到關內即色義，故起於何時、何地、何人，皆是疑團，今第一個提出來的竟是隋人，此不無可疑。況且吉藏也沒有說清楚該宗眞實義理，從字面上來看甚至於與支道林無異，這樣便指稱其爲肇公所呵，顯爲突兀且缺乏證據。

安澄《中論疏記》引述義，也有一段關於關內即色宗的宗義，茲抄錄於下：

> 此師意云：細色和合，而成粗色，若爲空時，但空粗色，不空細色。望細色而成粗色，不自色故。又望黑色而成白色，白色不自色，故言即色空，都非無色。若有色定相者，不待因緣，應有色法。又粗色有定相者，應不因細色而成。此明假色不空義。

這點亦是可疑的。原因是六家七宗幾乎對緣的作用不甚了解（除緣會宗之外），現存諸宗學說裏而說法身、法性、性空的大有人在，但直以「因緣」、「色法」等來破名相還要到般若經會部翻譯出來以後才有的。況且這種「望細色而成粗色，望黑色而是白色」，來辯解「色有」，再直斷「假色不空」的義理顯然高出同一時代諸家的辯證；此種利用元素和合來辯論色空，標旨卓立於諸家之說，却不見他作討論，頗值思索。〔註16〕

〔註16〕楊政河曾說：「（此派）認爲色無自性，而有他性，這個他性以爲是「空」，也就是說色無定相，需要等待因緣和合，所以說：『細色和合，而成粗色。若爲

當時也有此一可能性，亦即關內即色義果有，而且與支道林並非同一時代，乃是更晚期，也許更晚於肇公所呵即色義，此時對佛學名言運用已較進步，而在北方關內（？）孳染佛學而興起的另一派學說。

為什麼說關內即色義不是肇公所呵破者呢？最重要的理由是：僧肇所言及的即色義分明是解釋般若經文的即色義。《肇論》中說：

> 即色者，明色不自色。故雖色而非色也。夫言色者，但當色即色，
> 豈待色色而後為色哉？此直語色不自色。未領色之非色也。

這是諷喻持「即色義」的人不明白色空是非色。而關內即色義則根本沒有這種嫌疑。因為他是堅持假色不空，基礎就與經文「色空」的立場不同，也沒阿附的現象，顯然是相當成熟而自信的主張：即使是「假色」亦「不空」。這就和僧肇所意欲批判的即色義有直接而嚴重的衝突。（觀點上大不相同），那麼僧肇也就犯不著間接去呵斥它，還轉了個大圈圈說「但當色即色，豈待色色而後為色哉……」有悖常理，所以可暫定肇公所呵的是支道林「即色宗」。

那麼「即色宗」應是起源於西元334年以後（支道林二十歲以後），而且理應盛於江南地帶，與玄學應有某一程度以上的關係。

至於後人亦說郗超持即色義，理應襲自他人，且學說已不可考，故暫置不論。

二、支道林「即色義」解

支道林的「即色」內容如何耶？今以資料僅餘《世說新語・文學》35 劉孝標注文所引《妙觀章》所言：

> 夫色之性也，不自有色。色不自有，雖色而空。故曰色即為空，色
> 復異空。

另外尚有殘存的「即色遊玄」論中的一段，和《妙觀章》十分相似，其言曰：

> 夫色之性，色不自色，不自，雖色而空。知不自知，雖知而寂也。

兩者大致上相同，或出自同一人手筆，即僧肇批評的「明色不自色，故雖色而非色」之說也。今考支道林學說，有以下數種資料：〈大小品對比要鈔序〉、

空時，但空粗色，不空細色。』正因為『不空細色』，才可以使我們認定色法所緣的為成就他性的條件，它不復為空，於是所謂的『空』，他僅僅是止於法色的無自性，可是卻不能『空』去種種實有性，所以說它是『不言即色是本性空』。」故而稱此說為肇公所呵，亦是一說。（見蔡纓勳《僧肇般若思想──以〈不真空〉論為主》），頁 426。

〈即色義〉、〈逍遙論〉等。

　　首先由僧肇批判的「即色義」談起，這裡已假設六家七宗學說乃爲解釋《般若經》者，所以不符合般若義理，就有謬誤的嫌疑。但就普遍性原則，這並不意味此一學說有任何錯誤。僧肇批評他的原文已抄錄於前，茲不再錄。僧肇對他的批判大致可以歸於兩點，一是「即色宗」並不理解「般若」的色空眞義，反而在「即色」、「空色」的同時，承認「色色」之「色」，也就是承認色的「現象有」。此亦即所謂青黃白諸色有，而吾輩設假名於彼，不論是否稱之爲青黃或白，其「色」自在。這裏必須注意的是，此與安澄所引述義的關內即色義是相同的，但沒有那樣清晰的辯證，只是有這種假設傾向。

　　關於「即色」義，尚可言「色」之顯出，在於認知者在其相接後而顯，故「色」若無認識者之接觸，則此「色」並不存在，然又不能說它不存在，因祇要接觸之便存在，所以稱爲「空」，又爲「異空」。所以「即」、「色」之「即」，說明物我相接則「外色」存在，而不是說「色」之獨立自存性。

　　元・文才《肇論新疏》云：

> 東晉支道林作即色論。……彼謂青黃等相，非色自能，人名爲青黃
> 等，心若不計，青黃等皆空，以釋經中色即是空。

此處以「心若不計」來說明「即色」的原理和方法，而言稱「人名爲青黃等」恰似僧肇所稱「豈待色色而後爲色哉」的情況。即稱「即色宗」假稱色相而人名青黃，然色相不在便青黃可議，何須加諸名言，此現象有本空，心何由計之？

　　這種「現象有」的假設傾向，其實亦可解釋做爲般若義的「不壞假名，而說實相」。如果這樣來說，支道林的學說應該是符合中觀思想，僧肇呵斥他就有點吹毛求疵。所以歷來常有爭議，有謂「即色宗」契合般若眞義，或而反對之，爭議不休。

　　慧達《肇論疏》中稱：

> 第二解即色者，支道林法師即色論云：吾以爲即色是空，非色滅空，
> 此斯言至矣。何者，夫色之性，色不自色，雖色而空，如知不自知，
> 雖知恆寂也。彼明一切諸法，無有自性，所以致空，不無空此不自
> 之色，可以爲有……。

吉藏《中觀論疏》曰：

> 次支道林著〈即色遊玄論〉，明即色是空，故言〈即色遊玄論〉。此

猶是不壞假名，而說實相，與安師本性空故無異也。〔註17〕

認為支道林是對的。到底支道林對或不對，底下另須申述。這裏須提到慧達的《肇論疏》頗為可疑，因為慧達自己只說「聊寄一序」並沒說有「疏」。再則是文體、稱謂都有待考。所以呂澂先生以為其不可信（見《中國佛學源流略講》）。

支道林到底明不明白假名亦空，現象是空呢？我們等到討論支道林的全盤學說時再加以評論。

支道林犯的第二個謬誤是不明白「自性空」，還執著「因緣有」，其實這和前面所提出的謬失是一致的。因緣無有故幻相不生。支道林不壞現象的「相」，便可見他並不理解「緣」的眞實作用，對「緣」亦避而未及。這種未壞假名並不是「不壞假名而說實相」，而是根本不明白緣起乃生萬法，故假有非眞有。支道林的謬誤就在此一知與不知「緣起法」間而已。

如果支道林眞知「緣起法」，就不會主動去「物物而不物於物」（〈逍遙遊論〉），這種差異便在毫髮之間，不得不辯。因緣不有，假名不存，即色無由。支道林說色空乃由外界現象的「非色自能」起議，未得而由內在認知而解色解形破虛妄得空，乃知與主觀的般若學說有異。

般若是內照而知緣起性空，即物順通乃即「假有」非即「現象有」。假有緣於內在因緣作用，無自性。現象有是依物而成，或獨立自生於主體之外。認定「現象有」即緣起有因於外，不自生，而有他性。認定「假有」則「有非眞有」，假有無自性，遑論現象是否有。故假有（內在緣起）與現象有（外在物質現象）不同，不可并論。

再則須加以說明及討論的是：也許支道林已斷現象空而且「異空」而不我執，後人斷章取義乃致誤解其說。這點就得要由支道林的學說加以全局縱觀，才能加以判斷。

這裏假設幾個問題來考證支道林是否已眞知般若義理。一、他是否明白客體無有，客體只是因緣法生？二、他是否明白本體空寂？法身本無？三、他明白不明白因緣假有，假名俱空？

第一個問題前面已討論過了，支道林斷論「色不自有」，是說因緣有，已契合般若。第二個問題要由〈逍遙遊〉及〈大小品對比要鈔序〉中去求。〈大小品對比要鈔序〉中有：

〔註17〕有此主張者乃吉藏、慧達、文才。具見內文。

忘無故妙存，妙存故盡無，盡無故忘玄，忘玄故無心。然後二跡無
寄，無有冥盡。……悟群俗以妙道，漸積損至無。設玄德以廣教，
守谷神以存虛，齊眾首於玄同，還群靈乎本無。

這一大段話中的玄學傾向暫且不論，但就自我本體而言，支道林顯然是強調
無我執，所以才會「二跡無寄，無有冥盡。」況且所謂「漸積損以至無」的
概念亦超越同時期佛學論者的思考範圍，說明了由「空」、「異空」雙顯雙遮
以至「本無」之境。顯然第二個問題，支道林亦能契合如來原意，而不違性
空之義。但是他是否能拋棄現象的假有，以達到真如空寂的境界呢？答案是
模糊的，甚至於沒有。因為「然後二跡無寄」，那麼色相仍然自在未破，就不
能視破因緣幻相作用，根本無從「無我」。這一點便頗值得爭議，知悉「無我」
亦「無我」，那麼溝通兩者間的色相怎麼可能存在呢？如果支道林曾嚴謹地考
核其佛理學識，就不至於有這種情況發生。這一點蔡纓勳先生也提出過類似
的懷疑，認為支道林並沒有嚴密地組合過自身學說。反而以佛學的名理邏輯
方式攻破向、郭的逍遙遊義，不能自我審視自己的佛學，這是一個很大的問
題。〔註18〕

　　這個問題的解答也許可以用兩種答案來試解。一是支道林提出的根本不是
佛學，而是偽裝及改變過的玄學，但也由此突出支遁思想的價值所在，若受限
「真如空寂」等說法，則無法知道支遁思想之精彩處。二則是認為他果真有所
疏漏，這種疏漏是由於他的生活行徑及談玄論道的傾向所引起。

　　第一個答案須考究支道林與玄學的關係，才能證驗。

〔註18〕又有一說云：僧肇批評「即色宗」是從兩方面著眼：
　　　　第一、對它的「明色不自色，故雖色而非色也」，指出它是「此直語色不自色，
　　　　未領色之非色也」。肯定他對名想（概念）的色並非色自我構成，此點理解是
　　　　正確的。但他不了解色正是因它的假有性質才成其為不實在的，即成其為非色
　　　　的。僧肇著重把色空理解為「非有」的一邊，而不理解還有其「非無」的一邊。
　　　　第二、繼續又指出：「但當色即色，豈待色色而後為色哉？」即是說，色本身
　　　　就是色，並不是由於我們的認識才成其為色的；事物間的差別是事物本身造成
　　　　的，並非由於有了各種概念才出現各種東西。由此，所謂「色即是空」，就是
　　　　指色本身是空，不要在「色即非色」上去空。故僧肇批評「即色宗」有兩個錯
　　　　誤：一個是把色看成是概念化的結果，單從認識論來理解空性；另一是不了解
　　　　所謂非色、色空，也就是假有之意；沒有假有，也無所謂空。（詳見呂澂著《中
　　　　國佛學源流略講》）（台北：里仁書局，西元 1985 年）。僧肇從佛理體系之「空」
　　　　性來批判支遁之不足，然從玄學言，則支義提供了玄學有無之辨之不同向度。
　　　　僧肇括有無二義，在「物我相即」而生，可下開「非有非無」之理論架構。

第二個答案須考究支道林的行徑才能證驗。

以下分論之。

三、支道林思想與玄學的關係

東晉孫綽〈道賢論〉中將支道林比爲向秀是有原因的，以二人皆精通莊子學。而支遁之逍遙義何以凌駕向、郭義之上耶？黃錦鋐先生於〈莊子逍遙遊篇郭象與支遁義之異同〉一文中論到：

> 支遁所談的莊子逍遙遊，必定和佛教之經義有關，是沒有問題的。因爲研究《道行經》是支遁的專業，他在注〈逍遙遊〉之後，又注《安般》、《四禪》諸經、〈即色遊玄論〉、〈聖不辯知論〉、〈道行旨歸〉、〈學道識〉等。……現在《出三藏記集・第八》載有支道林的〈大小品對比要鈔序〉一篇……他借《般若經》的經義來解釋《莊子・逍遙遊》，也是理所當然的一件事。…他把佛經的般若學中取得了新的啓示，擴大了玄學的領域，加濃了玄學的內容。〔註19〕

支道林在《般若經》中到底得到了什麼樣的啓示呢？此處牽涉到魏晉玄理辯論的名言問題，亦即所謂「言意之辨」。初期言意之辨的言、象、意大致是依附於所謂文字、圖象與概念而已，而佛理邏輯中的心及象之間尚有「法」及「緣」的作用，用「緣」和「法」來解釋所謂的抽象性概念是一種唯心主義，與玄學大相逕庭。而向、郭之後，玄學已無甚發展的餘地，在遭逢佛理時，自然視爲珍奇，這種心態在標新立異的魏晉是可以理解的。

名僧便依佛理而打入名士集團而附庸玄學，但最後竟反客爲主。他們短兵相接的開始，便是在「言意之辨」上。（詳見湯丹彤《魏晉玄學論稿》）

佛學中的本無心無我，本性空寂已強調心識的作用，因爲緣起法有，所以才有我執，我執則偏，支道林不過是發揮這一段而已，他以我執便有苦的說法來破向、郭的獨化論。乍看之下，支遁逍遙論與向、郭不同，而實類似。郭象曾提及「有待」、「無待」之命題，然反對「有矜伐於心內」，此在某一層次上與「玄感不爲」相通。故向、郭義可以與支道林之理路銜接，在此，我們不免要問到：究竟支道林的學理基礎是佛學抑是玄理？如果支道林的學理基礎是玄學，那麼他可能從何處推展而來？

〔註19〕黃錦鋐《晚學齋文集》（台北：東大圖書公司，西元 1994 年），頁 40、41。

　　支道林逍遙義中有「物物而不物於物」，實本自於郭象，却反其理以行。
郭象《莊子・知北遊》注：

> 明物物者無物，而物自物耳。物自物耳，故冥也。

此與支道林《妙觀章》中的：

> 夫色之性，不自有色，色不自有，雖色而空。

前三句與郭象第一句同義。但郭象向客體的自身去推求，而支道林向主觀意
識推求，兩者方向不同，故導出不同的答案。這就是佛學與玄學推理方式的
不同。支道林言「色不自有」，乃「因緣生」才「有」則「色」不能無待而「有」，
也因其「有待」而說「有」，此「有」不「常有」，所以又是「空」。支道林能
以佛理推翻玄學，却不能自我考查是否究竟。

　　這裏大致上可以先下一個結論，來總結支道林學說，那便是：支道林主張
「即色是空」，不待推尋破壞方空，以色之性「不自有色」，故「雖色而空」（以
因緣故），既然即色是空，所以可以以「即色以遊玄」，即物我相即、有無同玄，
是以可以「無物於物，故能齊於物；無智于智，故能運于智。是故夷三脫於
重玄，齊萬物於空同」（〈大小品對比要鈔序〉），如此，至人即能達到「物物而
不物于物」，而逍遙靡不適，得到真正之自由。由此可見，支道林是假借佛義──
──「色無自性」、「我執為苦」、「即色是空」等說法，並參酌向、郭之獨化論，
而論至人乃得逍遙，雖其設定在「性空」，所以所論與玄理實無法相契，但在玄
釋交融中，牽強比附，觸類合義，故其「即色遊玄」論引入到玄學中，即豐富
了玄學的內容，突破了舊說，開創了新義，而獨擅一座之勝。

　　支道林〈大小品對比要鈔序〉中有極強烈的玄學化傾向，如其言：「是以
諸佛因般若之無始，明萬物之自然」，此以自然和般若混合在一起。又云：

> 夫至人也，覽通群妙，凝神玄冥，靈虛響應，感通無方……神何動
> 哉？以之不動，故應變無窮。

所謂「感通無方」抑或「不疾而速」（〈逍遙遊論〉）全是玄學說法，襲自《易
經》，不是佛家所謂的「本無」、「真如」。所以支道林的「本無」（無我）思想
到底是不是佛學上的無我，也有待思索。〈大小品對比要鈔序〉中載：

> 理冥則言廢，忘覺則智全，若存無以求寂，希智以忘心，智不足以
> 盡無，寂不足以冥神，何則？故有存於所存，有無於所無，存乎存
> 者，非其存也，希乎無者，非其無也。何則？徒知無之為無，莫知
> 所以無，知存之為存，莫知所以存。希無以忘無，故非無之所無，

> 寄存以忘存，故非存之所存。莫若無其所以無，忘其所以存，忘其
> 所以存則無存於所存，遺其所以無則忘無于所無，忘無故妙存，妙
> 存故盡無，盡無則忘玄，忘玄故無心，然後二跡無寄，無有冥盡。

支遁與向、郭同認爲認知若僅停留於「所存」、「所跡」的層面，則不能得其根本，不能與本體冥合，所以郭象要我們把握「所以跡」，「所以跡」才是「眞性」，才是事物之本體，以其「無跡」，故又稱「冥」。

支遁與郭象不同者是他不直接以「所以跡」去論證本體，而是通過「妙存」、「盡無」、「無心」的步驟，冥合有無，達到「二跡無寄，無有冥盡」。郭象追求「所以跡」，支道林則連所以跡亦拋棄之。

支遁是莊子學家，其學受向、郭影響是不免的，孫綽〈道賢論〉比之爲向秀是有根據的，在認識論方面，郭象有「寄言出意」，而支道林亦有此意，按支遁思想中之「言意之辨」如：

（一）《世說・文學篇》35 謂支道林造即色論，論成，以示王中郎，中郎無言。支道林曰：「默而識之乎？」王曰：「既無文殊，誰能見賞？」

（二）《高僧傳・支遁傳》：支道林每標舉會宗，而不留心象喻，解釋章句或有所漏，文字之徒多以爲疑，謝安聞之，乃曰：「此九方歅之相馬也，略其玄黃而取其駿逸」。

（三）〈大小品對比要鈔序〉：「苟愼理以應動，則不得不寄言。」又：「神王於冥津，群形於萬物，量不可測矣，宜求之於筌表，寄之於玄外。」

（四）注《莊子・逍遙遊》，亦寄旨鵬鷃以顯大道。（《世說・文學》32 注）

（五）《阿彌陀佛像讚並序》：「六合之外，非典籍所模，神道詭世，豈意者所測。」

（六）《世說・文學》25 曰：「聖賢固所忘言，自中人以還，北人看書，如顯處視月；南人學問，如牖中窺日。」

（七）〈文殊像讚序〉言：「欲窮其淵致者，必先存其深大，終古邈矣，豈言象之所極」。

支道林「即色」義與郭象「獨化論」有很深的淵源關係，在某一程度上，「即色」之主旨可以說是郭象學說的佛學化。其於否定物質世界存在根據上，與郭象之講萬有無根無門，忽然而生的說法相近，唯郭象在承認物物自生獨化而存在上有異耳。支遁「色不自有」乃「因緣」而「有」，故「色」不能無待而「有」，然因其「有待」而能「有」，此「有」不「常有」，故又

是「空」。郭象則以「有待」、「無待」吾所不能分，二人義理主軸有所不同。今欲深入支遁之思想核心，須掌握其「色即是空，色復異空」之理，不執「有」、「無」，他不離「有」、「無」，也不離「空」、「有」，此正是「有無之辨」的佛學化。

四、支道林之名士風流

　　支道林在當時學術思想界有很大的影響，一時名流如謝安、王洽、劉恢、郗超、桓彥、王敬仁、何次道、袁彥伯、王羲之、殷浩、孫綽、許詢、王濛皆與他往來密切，「結塵外之狎」。此時名僧亦走入虛玄之迷宮，挾其辯才，眷戀於清談之虛名，且行為深染風流習氣，如支道林，雖名高一時，但於佛學並無孤詣，孫綽〈道賢論〉將他比之為向秀，言：「支遁向秀，雅尚莊老，二子異時，風好玄同」，王該也稱他：「支子特秀，領握玄標，大業冲粹，神風清蕭。」（王該〈日燭〉）郗超在〈與親友書〉中云：「林法師神理所通，玄拔獨悟，數百年來，紹明大法，令真理不絕者，一人而已」，皆稱其玄理也，儼然「名士」身份。在《世說新語》中有關其記載甚夥，茲錄其行跡，以見其風流。《世說‧言語》63：

> 支道林常養數匹馬。或言道人畜馬不韻，支曰：「貧道重其神駿。」

〈言語〉76 又載：

> 支公好鶴，住剡東岫山。有人遺其雙鶴，少時翅長欲飛。支意惜之，乃鍛其翮。鶴軒翥不復能飛，乃反顧翅，垂頭視之，如有懊喪意。
>
> 林曰：「既有凌霄之姿，何肯為人作耳目近玩？」養令翮成，置使飛去。

此養馬放鶴，貴其神駿傲姿。支遁又常與人圍棋，〈巧藝篇〉10 載支公言圍棋為「手談」；又批評南北學之不同曰：「北人看書，如顯處視月；南人學問，如牖中窺日」（《世說‧文學》25），蓋以北人學廣而識闇，故如顯處視月；南人學寡則易覈，易覈則智明，故如牖中窺日，是能道出學問之精蘊者。而《世說‧言語篇》87 又載：

> 林公見東陽長山曰：「何其坦迤！」

林公優遊山水，故歎會稽山川之美，以喜愛山水，故有「買山」之事，《世說‧排調》28 載：

> 支道林因人就深公買岫山，深公答曰：「未聞巢、由買山而隱。」

支遁得深公言而「慚恧」（《高逸沙門傳》），後支遁隱餘杭山，又居支山，晚入剡山，於沃州山嶺立寺行道，又移住石城山，宴坐山門，木食澗飲，可見其愛賞山林也。至於辯才，則名士亦瞠乎其後，他又好勝，故常有劇談，《世說・文學》30 載：

> 有北來道人好才理，與林公相遇於瓦官寺，講小品。于時竺法深、孫興公悉共聽。此道人語，屢設疑難，林公辯答清析，辭風俱爽。此道人每輒摧屈。孫問深公：「上人當是逆風家，向來何以都不言？」深公笑而不答。林公曰：「白旃檀非不馥，焉能逆風！」深公得此義，夷然不屑。

林公以「逍遙」新義，縱橫於談座，《世說・文學篇》36 又載：

> 王逸少作會稽，初至，支道林在焉。孫興公謂王曰：「支道林拔新領異，胸懷所及，乃自佳，卿欲見不？」王本自有一往雋氣，殊自輕之。後孫與支共載往王許，王都領域，不與交言。須臾支退，後正值王當行，車已在門。支語王曰：「君未可去，貧道與君小語。」因論《莊子・逍遙遊》，支作數千言，才藻新奇，花爛映發。王遂披襟解帶，流連不能已。

林公逍遙之旨，「當時名勝，咸味其音旨」（〈支法師傳〉），據《高僧傳》載支道林，每至講肆，善標宗會，而章句或有所違，時為守文者所陋，謝安聞而善之，曰：「此乃九方堙之相馬也，略其玄黃，取其駿逸。」則支道林乃以義取勝者。〈文學篇〉39 載：

> 林道人詣謝公，東陽（謝朗）時始總角，新病起，體未堪勞。與林公講論，遂至相苦。

幾乎無時無地，抓住機會，也不分對象就與之談，而議論風發，令人著迷，使預坐者皆結舌注耳，王濛稱之為「自是缽綷後王、何人也」（〈賞譽〉110），他又與守孝的謝奕「劇談」至將夕（《世說・文學篇》41），又取笑王濛「義言了不長進」（〈文學〉42），且又善與人爭名，〈文學〉45 載：

> 于法開始與支公爭名，後情漸歸支，意甚不忿，遂遁跡剡下。遣弟子出都，語使過會稽。于時支公正講小品。開戒弟子：「道林講，比汝至，當在某品中。」因示語攻難數十番，云：「舊此中不可復通。」弟子如言詣支公。正值講，因謹述開意。往反多時，林公遂屈。屬聲曰：「君何足復受人寄載來！」

此《小品經》中文義格礙而不利於支義之處。又論才性，不是殷浩的對手。因殷浩于〈才性四本論〉如「湯池鐵城，無可攻之勢」也。在西州時，亦曾爲王文度所屈，孫興公還取笑曰：「法師今日如著弊絮在荊棘中，觸地挂閡。」（〈排調〉52）他亦能論《莊子・漁父》，《世說・文學篇》55 載其講「漁父」敍致精麗，才藻奇拔。

支公情理具暢，王長史歎其清識玄遠，曰：「尋微之功，不減輔嗣」（《世說・賞譽》98），其辯才得到時人之肯定。如晉哀帝徵其止東安寺講《道行般若》：「白黑欽崇，朝野悅服。」（《高僧傳・支道林傳》）郗超問謝安：「林公談何如嵇中散？」安曰：「嵇努力裁得去耳」；又問：「何如殷浩？」安曰：「亹亹論辯，恐殷制支；超拔直上，淵源實有慚德」（〈支道林傳〉）。郗超後與親友書云：「林法師神理所通，玄拔獨悟，數百年來，紹明大法，令眞理不絕者，一人而已！」此皆推崇其玄理玄辯也。

其風姿亦爲人所歎，如王羲之歎其「器朗神雋」（〈賞譽〉88），而風期高亮，任心獨往，爲嵇康所不及（〈品藻〉67），知其爲士流所欽。且其性亦能賞愛人，如〈賞譽篇〉123 載其道「王敬仁是超悟人！」歎王胡之曰：「見司州（王胡之）警悟交至，使人不得住，而終日忘疲！」（〈賞譽〉136），又稱王胡之辯才，可「攀（謝）安提（謝）萬」（〈品藻〉60）。稱王仲祖曰：「斂衿作一來，何其軒軒韶舉。」（〈容止〉29）。林公貌醜異，據《世說・容止》31 載：「王長史嘗病，親疏不通。林公來，守門人遽啓之曰：『一異人在門，不敢不啓。』王笑曰：『此爲林公。』劉孝標注引《語林》曰：「諸人嘗要阮光祿共詣林公。阮曰：『欲聞其言，惡見其面。』」此則林公之形，信當醜異。然雙眼「黯黯明黑」、「稜稜露其爽」（《世說・容止》37），而意氣則飛揚，以「神」取勝。又好臧否人物，故招人尤，如《世說・排調》43 載：

> 王子猷詣謝萬，林公先在坐，瞻矚甚高。王曰：「若林公鬚髮並全，神情當復勝此不？」謝曰：「脣齒相須，不可以偏亡。鬚髮何關於神明？」林公意甚惡。曰：「七尺之軀，今日委君二賢。」

以其神情高傲，故爲謝萬所謔。於是他又回報之，〈輕詆篇〉30 載：

> 支道林入東，見王子猷兄弟。還，人問：「見諸王何如？」答曰：「見一群白頸烏，但聞喚啞啞聲！」

此支道林譏王氏兄弟作吳音也。〈輕詆篇〉21 又載：

> 王中郎與林公絕不相得。王謂林公詭辯，林公道王云：「著膩顏恰，

　　繪布單衣，挾左傳，逐鄭康成車後，問是何物塵垢囊！」
因嗔癡而利口詆人，蓋王坦之不爲林公所知，作〈沙門不得爲高士論〉，輕侮
支遁，言：「高士必在於縱心調暢，沙門雖云俗外，反更束於教，非情性自得
之謂也。」（《世說・輕詆》25），故遁亦不甘示弱，報以惡聲也。

　　支遁則與謝安石相處甚善，其交謝安，乃安在東山未仕時，《世說新語・
雅量》28注引《中興書》曰：

　　　安先居會稽，與支道林、王羲之、許詢共遊處。出則漁弋山水，入
　　　則談說屬文，未嘗有處世意也。

後謝安出仕，爲吳興守時，值遁欲入剡隱居，謝安與書懇留，《高僧傳》載：

　　　謝安爲吳興守，與遁書曰：思君日積，計辰傾遲，知欲還剡自治，
　　　甚以悵然。人生如寄耳。頃風流得意之事，殆爲都盡，終日戚戚，
　　　觸事惆悵，唯遲君來，以晤言消之，一日當千載耳。此多山縣閒靜，
　　　差可養疾，事不異剡，而醫藥不同，必思此緣，副其積想也。

支道林東還，名士多往送之，據《世說・雅量》31注引《高逸沙門傳》云：「遁
爲哀帝所迎，游京邑久，心在故山，乃拂衣王都，還就巖穴」。〈雅量篇〉31
載：「支道林還東，時賢並送於征虜亭」，其孚士望可知。

　　支遁實有經世濟民之才，據《高僧傳》載：「時論以遁才堪經濟，而潔己
拔俗，有違兼濟之用，遁乃作〈釋矇論〉以答之。」他亦有情，《世說・傷逝》
11載：

　　　支道林喪法虔之後，精神隕喪，風味轉墜，常謂人曰：「昔匠石廢斤
　　　於郢人，牙生輟絃於鍾子，推己外求，良不虛也，冥契既逝，發言
　　　莫賞，中心蘊結，余其亡矣！」卻後一年，支遂殞。

遁於太和元年終于剡之石城山（據〈支遁傳〉），戴逵過其墓曰：

　　　德音未遠，而拱木已積。冀神理綿綿，不與氣運俱盡耳！

　　　（〈傷逝〉13）

王珣〈法師墓下詩序〉曰：「余以寧康二年，命駕之剡石城山，即法師之丘也。
高墳鬱爲荒楚，丘隴化爲宿莽，遺跡未滅，而其人已遠，感想平昔，觸物悽
懷。」可見其爲時賢所痛惜也。

　　由上可見支道林之名士風格，其學說嚴格說來，參與談座的色彩較諸佛
義的抉發爲濃。譬如下節所論的逍遙義，不過是取玄學所講的「至人」乃得
徹底逍遙之說，來比附佛而已，所以說他是玄學家絕不爲過。

五、支遁逍遙義與郭象逍遙義之比較

　　前已述及支道林「即色遊玄」之旨，於此再與郭象〈適性逍遙論〉比較。

　　老子、莊周二書，爲清談家所必讀，當時士人如不讀《老》、《莊》，簡直無法與於談座。在談辯的場合，還經常取《莊子》的某一篇章爲主題，尤其「逍遙義」，更是討論激烈。據《世說新語・文學篇》32 載：

> 《莊子・逍遙篇》，舊是難處，諸名賢所可鑽味，而不能拔理於郭、
> 向之外。支道林在白馬寺中，將馮太常共語，因及逍遙。支卓然標
> 新理於二家之表，立異議於眾賢之外，皆是諸名賢尋味之所不得。
> 後遂用『支理』。

可見在「支理」未出之前，向、郭逍遙義曾壟斷一時，而「支理」之足以取代向、郭，固以支遁本精《莊子》，據《世說・文學篇》36 言支遁曾與王羲之論「逍遙遊」，支遁「才藻新奇，花爛映發」使王羲之「披襟解帶，留連不已」。支遁是個辯才無礙的玄學家兼佛學家，有此修養，以佛解《莊》，更契妙理。今據〈支遁傳〉言：

> 遁嘗在白馬寺，與劉系之等談莊子〈逍遙篇〉，云：「各適性以爲逍
> 遙」遁曰：「不然，夫桀跖以殘害爲性，若適性爲得者，彼亦逍遙矣！」
> 於是退而注〈逍遙篇〉，群儒舊學莫不歎服。

可見支遁「逍遙義」正是破向、郭「適性」之謬說而設，雖向、郭確然也有其「跡本圓」的理境，卻終滑向「適性」、「安命」。據劉孝標之注交代說：

> 向子期、郭子玄逍遙義曰：夫大鵬之上九萬，尺鷃之起榆枋，大小
> 雖差，各任其性。苟當其分，逍遙一也。然物之芸芸，同資有待，
> 得其所待，然後逍遙耳。唯聖人與物冥而循大變，爲能無待而常通，
> 豈獨自通而已！又從有待者不失其所待；不失，則同於大通矣！

證以〈逍遙遊〉注云：「乘天地之正者，即是順萬物之性也；御六氣之辯者，即是遊變化之途也！」及題注曰：「夫小大雖殊，而放於自得之場，則物任其性，事稱其能，各當其分，逍遙一也，豈容勝負於其間哉？」則向郭以「適性」爲「逍遙」甚明。至於支遁之「逍遙義」，據《高僧傳》言共有數千言，今多亡佚，僅存〈文學〉32 劉孝標注所引的一條如下：

> 支氏逍遙論曰：夫逍遙者，明至人之心也。莊生建言大道，而寄指
> 鵬鷃。鵬以營生之路曠，故失適於體外；鷃以在近而笑遠，有矜伐
> 於心內。至人乘天正而高興，遊無窮於放浪，物物而不物於物，則

遙然不我得；玄感不爲，不疾而速，則逍然靡不適。此所以爲逍遙
也。若夫有欲當其所足，足於所足，快然有似天眞。猶饑者一飽，
渴者一盈，豈忘烝嘗於糗糧，絕觴爵於醪醴哉！苟非至足，豈所以
逍遙乎？

支遁以「逍遙」爲明「至人之心」。唯能「乘天地遊無窮」之至人，乃得逍遙，
此大體合乎莊子原義，故能突出向、郭義之上。〔註20〕即劉義慶亦認爲「支」
理超過「向、郭」，而以「向、郭之所未盡」判之。雖然今人亦有以向、郭逍
遙義較諸支道林更具豐富旨趣者。〔註21〕然檢視向、郭《莊子・逍遙遊》注，
處處以現象之實然立論，是客觀事實的平觀，以一物各有一自性，萬物萬情，
本自不同，但站在性分自足的立場則不能殊別。以是他雖有「無待」、「有待」
之別，卻不是要有待者追求無待，而祇求安於有待；聖人也不過在使萬物「不
失其所待」，使物「各有其性」耳。

　　郭象不以莊子之祇以「無待」之至人、神人才能逍遙的說法爲然。他認
爲不僅「與物冥而循大變者」，能無待而常通，可得逍遙，即若「有待者」，
不失其所待，亦「同於大通」而得逍遙。則有待、無待皆得逍遙矣。〈逍遙遊〉
注云：

　　故有待無待，吾所不能齊也；至于各安其性，天機自張，受而不知，
　　則吾所不能殊也。夫無待猶不足以殊有待，況有待者之巨細乎？

「有待」、「無待」各有其本性，站在「本性自足」的立場上，則二者並無區
別，皆可得逍遙，祇要其不羨欲矜誇。〈逍遙遊〉注云：

　　苟足于其性，則雖大鵬無以自貴於小鳥，小鳥無羨于天池，而榮願
　　有餘矣。故小大雖殊，逍遙一也。

郭象先承認萬物之千差萬別，然後講安于自性，則其異不異矣！〈逍遙遊〉
注云：

　　對大於小，所以均異趣也。夫趣之所以異，豈知異而異哉？皆不知
　　所以然而自然耳。自然耳，不爲也。此逍遙之大意。

〔註20〕然此支遁對向、郭之「適性」論實有誤解，無形中也誤導後人對莊子、向郭
　　　　義的了解，此須留意之。
〔註21〕牟宗三言向郭逍遙義有一般說，指性分之適；分別說，分有待與無待；融化
　　　　說，指同於大通，一逍遙一切逍遙。湯用彤言向、郭與支遁對逍遙義的詮釋
　　　　並無多大出入，支遁以臻乎無待之聖人才稱得上逍遙，向、郭却分有待無待
　　　　兩種，而二者事實上都肯定要去有待，以至無待。

郭象以足性爲樂，不論大小、上下、貴賤，倘安於其性，無跂尙於其間，則
人人可樂；反之，「營生於至當之外，事不任力，動不稱情」（〈逍遙遊〉注），
則觸處受困，情爲外物所役，焉得自由逍遙？在這裡，郭象以性分自足，不
假外求，故要安於其性，此實爲「性成命定」之說也。

　　因爲郭象不脫乎形質限囿，處處講「冥」於所遇，「安」於其性；在本體思
想上否定造物主或存在根據之後，付物自物，而無物物者，這樣稱體自足，不
待於外，就是自然；「物各有性，性各有極」，性分之外的追求，必生拘累，那
麼，一切的工夫修爲，甚至心靈的提昇轉化也都不可能了。這樣的話，「逍遙」
的境界不再高不可攀，而是「當下便是」，凡得其性即逍遙，「性得」、「足欲」
成了逍遙的必要且是充足的條件，難怪支遁批評這種「適性」說就如饑者只求
一飽，口渴只求一飲的「自足」而已；而自然之性，缺乏主體之提挈，一往不
復的因順下去，堯亦可，桀亦可，恐不免流於墮落放任，在成心偏見、是非美
醜皆「付之自當」的情況下，負面的影響恐隨之而至，難怪支遁會有「夫桀紂
以殘害爲性，若適性爲得者，彼亦逍遙矣」（〈文學〉32注引）之批判。

　　而支遁以「即色義」釋逍遙，有「物物而不物於物」之遮末顯本的工夫
進境，故能超越拘限，以玄感不爲，不疾而速之至人，乃得「遙然不我得」、
「逍然靡不適」之純精神滿足。按支遁〈大小品對比要鈔序〉所云：

　　　夫至人也，覽通群妙，凝神玄冥，靈虛響應，感通無方……以之不
　　　動，故應變無窮。

「物物而不物於物」正是「色色而不色於色」，即超越時空及主客對待，內外
通徹，不爲現象或外物所囿，乃得逍遙。黃錦鋐先生云：「支遁的逍遙義是以
般若學的即色義來解釋的……向秀郭象是認爲大小都可以逍遙，大鵬斥鴳都
是可以逍遙……而支遁則認大小都不能逍遙」，〔註22〕支遁以即色是空爲空無
所待之畢竟空，不待推尋破壞方空，所以可以即色以游玄。〈大小品對比要抄
序〉云：「無物於物，故能齊於物；無智於智，故能運於智，是故夷三脫於重
玄，齊萬物於空同」，如此，乃能達到空無所待，物理自正的至人境界。唯至
人使現象之對立消融，而一歸精神主體，再爲無窮的展示，乃獲得絕對的精
神自由，這才是「至足」的自由，支遁特標舉逍遙是精神界之事，及強調虛
靜內斂之工夫，更由比較「自足」與「至足」之不同，以達到「至足」方爲

─────────────

〔註22〕見〈莊子逍遙義與般若學即色派的關聯性〉一文，《內明》第 150 期（西元 1984
　　　年 9 月）頁 14～17。

逍遙。實足以鼓足「適性」之說，而直扣莊子本旨，然以時代使然，支遁「逍遙義」的影響力似乎不大。至宋代以後，支遁之義才得以顯揚。〔註23〕

小　結

　　般若性空宗代表的道安，爲中國第一個嚴正之僧徒，他也是使佛教在中國奠立基礎的關鍵人物，其分張徒眾，至各處設立道場，對佛教之傳播，實功不可沒。他以德操化人，令人於修敬之餘而信其所說之法，故「性空本無」成爲般若學重鎮，實其來有自！

　　至於即色宗，因代表人物支遁，儼然一代名士領袖，聲名籍甚，其逍遙新義，超越向、郭而直扣莊子本意，「即色遊玄」之旨，則頗能迷惑人心。而支愍度之標新立異，配合玄學「無心順有」之說，立「心無義」，雖背大乘般若空觀之基本宗旨，而遭猛烈攻擊，但其傳衍亦甚廣。六家七宗未窺「中觀」本旨，必待鳩摩羅什來華，傳來龍樹「中觀」思想，以「中」解「空」，標「非有非無」，統一「空」、「有」，乃超越「玄學」思路。

〔註23〕黃錦鋐先生言從〈逍遙遊〉「海運則將徙於南冥……去以六月息者也」之注，
　　　　凡解「海運」爲「海動」，「息」爲「風」者爲支遁一系，而解爲「旋轉」、「休
　　　　息」者爲郭象一系。

第六章 佛義自覺——僧肇「不眞空」義

前　言

　　魏晉時期，由於經籍不全，六家七宗殆皆有「玄學」解「佛學」的嫌疑。至鳩摩羅什譯經以後，般若眞義彰顯，故號稱「秦人解空第一」的僧肇，乃能突出玄學的藩籬而自立門戶，建立佛學中國化的堅厚基礎，僧肇其人，據《高僧傳》載云：

> 釋僧肇，京兆人。家貧以傭書爲業，遂因繕寫，乃歷觀經史，備盡墳籍。志好玄微，每以莊老爲心要，嘗讀《老子·道德章》，乃歎曰：「美則美矣，然棲神冥累之方，猶未盡善也。」後見舊《維摩詰經》，歡喜頂受，披尋翫味，乃言始知所歸矣。因此出家，學善方等，兼通三藏。及在冠年而名振關輔。時競譽之徒，莫不猜其早達，或千里趨負，入關抗辯。肇既才思幽玄，又善談說，承機挫銳，曾不流滯。時京兆宿儒，乃關外英彥，莫不挹其鋒辯，負氣摧衄。

　　當時什公門下四聖中，跟隨什公最久，所學最爲純正的，當推僧肇。據《郡齋讀書後志》言僧肇《肇論》乃從其師鳩摩羅什之「規摹莊周之言，以著此書」，若此，則仍不離「莊玄」之矩矱。

　　今人研究僧肇概由其四論入手，中尤以〈不眞空論〉最爲重要。「不眞空」義乃是批判玄學味道極重的六家七宗，而也吸收各家之長，以提挈般若佛義者，故今人討論僧肇又多以〈不眞空論〉爲中心。至於〈不眞空論〉的創作動機，僧肇在文中有言：

頃爾談論，至於虛宗，每有不同，夫以不同而適同，有何物而可同
哉？故眾競作，而性莫同焉。

有無問題意見不一，為證定佛義，他展開了對六家七宗裏最主要的三宗：心
無、即色、本無宗的批判。

第一節　解　題

「不眞空」論的提出，在當時是一大傑作，而「不眞空」之題解亦引起
後世爭論。從「有爲法」言緣生故假，其體本空，故「有」爲「妙有」；而「無
爲法」言眞性緣起，成一切法體，則空非斷空，是「妙空」，既破執有，亦破
墮空，故非空非有，空有不二。聖人「即物順通」、「乘眞理順」，則物我同根，
是非一氣，不落邊見，而得無滯無礙。大底「不眞空」義約可分三家：

1. 「眞空不空」——明憨山大師。
2. 「不眞不空」——元康《肇論疏》中提及，未云何人所解。
3. 「不眞即空」——元康、文才，近人呂澂、湯用彤。〔註1〕

以上三解雖有義理上之關涉，然其領會卻有不同。1.「眞空不空」，言其
空之般若絕境常存不滅，故「不空」。2.「不眞不空」，言萬物因緣而生，是
爲「假有」，所以是「空」，然此「假有」非「無有」，所以是「不空」。3.「不
眞即空」，因緣起，故離此緣起則萬物不存，然因「緣起」而「不眞」，此物
「不眞」的存在樣態，即是一種「空」。凡此皆能道出其精蘊，而「不眞空」
一題中已明顯透露出二個主題，一是不眞空的「不眞」，再則是「眞空」義，
所謂「雖眞而非有」（因緣起）、「雖僞而非無」（因緣和合而有）即是。僧肇
以眞俗二諦開啓「眞」與「僞」二分的說法，仍未證明「眞俗不二」、「即眞
即僞」的「不眞即空」義。其所借用的乃是佛學中「常見」與「斷見」二概
念。

「常見」所指即以「有爲眞有」的俗諦「有成有得」；「常見」的對立面
即「斷見」，是即虛空、斷滅空，是「謂物無耶，則邪見非惑」的「邪見」。
所謂「斷見」、「常見」，即是偏離大乘佛教的兩個理論，佛經中破邪顯正者即

〔註1〕 此依蔡纓勳所分：另一分法則無「不眞不空」一說在內。見其碩論《僧肇般
　　　若思想之研究：以不眞空論爲主要依據》，國立師範大學國研所碩士論文，1985
　　　年。

以此為目標。「常見」論者多言「眞」，其實是「不眞」（非有），故須以「不眞」（非有）破之。而「斷見」論者多言「僞」，其實是「非無」，乃以「非無」破之，於是有無雙遣，在「有」言「非有」，在「無」言「非無」，終而詰致「非有非無」的般若「空」，此乃「不眞空」的主旨。

僧肇〈不眞空論〉云：

> 夫有得即是無得之僞號，無得即是有得之眞名。眞名故，雖眞而非有；僞號故，雖僞而非無。是以言眞未嘗有，言僞未嘗無。二言未始一，二理未始殊。

僧肇標出「不眞」之義，殆由「眞俗二諦」而出，「眞俗不二」的義理與方法乃是僧肇思想的核心。

第二節 僧肇的眞俗二諦

僧肇思想本於《般若經論》，其中包括《中論》、《十二門論》、《百論》、《大智度論》等，而下開三論宗。佛經中闡述眞諦俗諦的本義者，若《大智度論》中（卷九十一）云：

> 菩薩住二諦中，為眾生說法。不但說空，不但說有，為愛著眾生故說空，為取相著空眾生故說有，有無中二處不染，如是方便力為眾生說法。

《大智度論》中明白標示：

1. 「為愛著」（持有者）眾故說「空」。
2. 「為取相著空」（虛無論者）眾故說「有」。
3. 如是「方便」力為眾生說法。

可見其說乃有「方便」之義；再則是「有」「無」（空）的相互對待，「雙遣」而後得絕對超脫義的「空」，故僧肇提出「有無雙照雙遣」，但僧肇顯然並不認為它是「方便」說，而直指「空」為絕對超脫義的「空」，他採取反覆論證離有離無，有無雙遮的方法，而顯發「畢竟空」、「中道實相」。

僧肇統一眞俗不二的歷程，是由確立眞諦，而後證驗俗諦，最後說眞俗不二。乃「照」、「遣」並呈之中觀義。僧肇言：

> 眞諦獨靜於名教之外，豈曰文言之能辯哉？

先確立眞諦「空」的超脫義，而後舉《中論》說：

諸法不有不無者，第一眞諦也。

再舉《放光經》說：

第一眞諦，無成無得。

僧肇確立眞諦乃非有無，是無成無得，此契合《十二門論‧觀性門》第八所云：「若不得第一義諦，則不得涅槃」。「第一義諦」即「眞諦」，眞諦是空，是中道義。經中以「第一義諦」必包攝俗諦而發揮。《中論‧觀四諦品》中稱：

諸佛依二諦，爲眾生說法，一以世俗諦，二第一義諦，若人不能知，

分別於二諦，則於深佛法，不知眞實義；若不依俗諦，不得第一義；

不得第一義，則不得涅槃。

此種階段式的概念，即由世俗諦推至眞諦，再由眞諦推到涅槃的歷程，即是四重二諦的推導基礎。其以眞諦必包含俗諦來發揮，故僧肇以眞俗二諦來上承中觀哲學而下啓三論宗思想先河。

然而僧肇的眞俗二諦實乃一體，是相依相成，不是以眞諦獨立而將俗諦貶爲「方便義」而已，此不違經論，《十二門論‧觀性門》中有云：

有二諦，一世諦，二第一義諦。因世諦得說第一義。若不因世諦，

則不得說第一義諦，若不得第一義諦，則不得涅槃。若人不知有二

諦，則不知自利、他利、共利。若知世諦，則知第一義諦，知第一

義諦，則知世諦。

此已將眞諦等於俗諦，而有「眞俗不二」之義，故僧肇〈不眞空論〉中亦云：

二言未始一，二理未始殊。故經云：「眞諦俗諦，謂有異耶？」答曰：

「無異也。」此經直辯眞諦以明非有，俗諦以明非無。

以「非有」「非無」在「空」的絕對義中統一，而成爲空的兩面。〔註2〕爲論證「眞俗不二」旨，僧肇統一了有無，其〈不眞空論〉又云：

然則萬物果有其所以不有，有其所以不無。有其所以不有，故雖有

而非有；有其所以不無，故雖無而非無。雖無而非無，無者不絕虛；

雖有而非有，有者非眞有。若有不即眞，無不夷跡，然則有無稱異，

其致一也。

此是以有無雙照、雙遣的雙向遮詮法，以說「空」不離於「有」、「無」而顯。

───────────
〔註2〕古正美語。見其《肇論淺釋》，國立台灣大學哲學研究所碩士論文，1971年。

第三節　有無不二

　　「有」是「法有」，「無」是「物虛」。在有、無的統一上，每涉及到「眞」、「僞」；「有相」、「無相」；「有得」、「無得」；「名」、「實」等相待的爭議。到底物是「眞有」或「無物」呢？有、無的統一起碼牽涉到二個問題：一是物之有無；另一是現象（符號）之有無：

　　一、物之有無：僧肇以內在作用「即物順通」的「不易」之「性」，來依待萬物而得不執物的結論。〈不眞空論〉云：

　　　　誠以即物順通，故物莫之逆，即僞即眞，故性莫之易。性莫之易，故雖無而有；物莫之逆，故雖有而無。雖有而無，所謂非有，雖無而有，所謂非無。如此，則非無物也，物非眞物。物非眞物，故於何而可物？

　　於是切斷內外之間的客觀關係，確定物之有其內在化的作用，而非客觀存在。於是提出「物非眞物」的結論，再回饋式地反問，客體不存在，何能有現象？（現象之所依存的物）故云：「故於何而可物？」將物體現象全部內在化，亦即現象非眞有，是「法」的作用。這是接下去所欲申論的。

　　二、現象之有無：僧肇在討論現象之有無時提到《摩訶衍論》中「有相」與「無相」的問題：

　　　　諸法亦非有相，亦非無相。

　　「有相」、「無相」即是現象的有、無對待。（此指「法」的有相無相，並非現象界的有相無相。）法相到底是眞有或眞無呢？這當然涉及「假有」及「緣起」。僧肇以「假名」來架構法之「法有」；用「緣起」來說「法性空」的「法無」。這種把「相」（現象）全視爲內在化作用，而確立爲假相的說法，乃與即色宗的即「色」（現象）有不同方向的差異。僧肇所謂「相」依「法」而爲「假相」，是內在化作用。而即色宗的「相」，仍在粗色細色的客觀現象上掙扎，故肇公不得不破。

　　因爲「相」是假相，與內在本質（性）遂須統合。「即眞即僞」是統合，「即物順通」是統合，不是「滌除萬物，閉塞視聽」地強加抹殺「法有」，而是要加以破解，就是「空」見。

　　「雖有而無，所謂非有；雖無而有，所謂非無。如此，則非無物也。」順應外物而接觸它，外物就不會與我們的認知相抵觸，從而可以不離開內在假相卻能接納事物「無」的本質。假象是「無」，而「法」實有。有無遂統一在「法」及「法」的緣起作用上。

第四節　緣起性空及假有假名作用

僧肇說：「然則萬物果有其所以不有，有其所以不無，有其所以不有，故雖有而非有，有其所以不無，故雖無而非無。」這樣逕直反對「物虛」，似乎已反對了前面我們所稱設的「物虛」，即反對客體存在的說明。其實這段稱論是在說明內在的「法有」。所以接下去才會引證童子嘆曰：

> 說法不有亦不無，以因緣故，諸法生。（〈不眞空論〉）

所謂「有」、「無」全是「法」的作用。而法有，又因「因緣」而法空。「法」是「所以不有」、「所以不無」的「物」及「現象」的依據。這種依據是虛空的，故稱法空，但直斷法無，則落入「斷落空」的狀態，不能「即物順通」，就成了虛無論者。故「不壞假名」，假名、假有全是假，但是「有」，是因緣起法有後的產物。假名乃是一切諸法生，是因緣和合作法罷了。僧肇的假名說法、緣起性空於焉成立。

僧肇引《中觀》云：

> 物從因緣故不有，緣起故不無。

又自云：

> 所以然者，夫有若眞有，有自常有，豈待緣而後有哉？譬彼眞無，
>
> 無是常無，豈待緣而後無也。

這裏明白指出「有」、「無」全是「因緣和合」，不自常在，這種緣求而得的「有」「無」，是「假有」、「假名」罷了。「假有」、「假名」是五蘊色受想行識的「和合故有」，乃「法假施設」依起的。一如道安謂「五陰本無」的「假」，能破之乃得實相般若。僧肇說：

> 言有是謂假有，以明非無，借無以辨非有。

此已明標其爲「假有」，而且是：

> 欲言其有，有非眞生，欲言其無，事象既形。

事象即形的法假有，不能拋而斷滅，否則就虛空，這也是有無雙遣的含義。所以他接著便說：

> 象形不即無，非眞非實有，然則不眞空義，顯於茲矣。

所謂「不眞空」義乃是在「假有」，亦即「假有」「不眞」，且「不有不無」，並存相待，乃號稱之爲「空」。

於是可以看出僧肇由假名、緣起來架構「法」，稱其「有」而「不無」，稱其假有緣起無自性的法是空，非眞故「不有」，終而得到「不有不無」的

「空」。〔註3〕

第五節　僧肇「有」、「無」蘊義的探討

　　僧肇立論於玄學末期，「有」、「無」問題自然仍爭論不休。玄學的「有」「無」對諍，一直在有宇宙生成義和本體論上各抒其見，而般若六家七宗之言亦不脫「有」「無」，故僧肇在〈不眞空論〉中對「有」、「無」多所論述。前文已提到僧肇由「有相」、「無相」入手而得「有」、「無」的統一；其實僧肇至少由四方面來論證。一是「有相」、「無相」。二是緣生「假有」故空。三則是由「有得」「無得」上去統一有、無。四乃由「名」、「實」這個辯論上去統一有、無。前二項已討論過，不擬再論，茲論後二者。

　　1、「有得」、「無得」

　　僧肇引《放光經》：

　　　第一眞諦，無成無得；世俗諦故，便有成有得。夫有得即是無得之
　　　僞號，無得即是有得之眞名。

這裏不單顯露出有無對待的問題，另外更提到「得」與「無得」，「成」與「無成」等價值觀判斷的問題；僧肇統一了「有成」、「無成」，是以「眞」、「俗」二諦的「眞」、「僞」來結合。所謂「有成」會因爲遷化無常而歸于「無成」，成與無成，實際上並無確定性，甚至於「成」即「無成」，「無成」即「成」。成與無成在價值判斷時確實存在，然脫離主觀判斷，即爲無成無得、有成有得的超脫狀態。這種統一「成」與「無成」的方法，其實與玄學郭象的適性則物齊說無異。這當然並非指僧肇襲自郭象。而是佛經中對遷化的解說本有「成」即「無成」，「得」實「無得」的說法，與玄學闇合。但佛經中的「成」「得」是因「空」、「假有」而乃破「成」、「得」之迷（眞諦），又以「遷化」破「成」、「得」（俗諦），與郭象的適性「不知其所以然」是不同的。

　　2、「名」、「實」的論證

　　「言意之辨」圍繞著「言」、「意」是否同等同盡，即「言」全等於、或

〔註3〕僧肇言「有非眞有，無非眞無」，是言「有」非眞有，卻不是絕無此「有」，「無」非「眞無」，而不是絕無此「無」，說非有（無），須見其「有」，說非無（有），須見其「無」，純粹有無是沒有的，此所謂「有無俱無」，不純粹之有、無是存在的，此爲「有無俱有」。

不等於「意」的問題。其實僧肇「不眞空論」的「名實」問題也相同，均指稱「名言」是否能充分表達「概念」或客體物而言。

客觀地說，「實」（物體）是第一性，「名」是第二性，「名」是由「實」而來，自然要充分表達「實」；但「名」畢竟脫離了「實」而自立成一概念、符號、訊息，早已不能充分代表「實」。「名」、「實」已然獨立。這種論證雖與佛學主觀唯心的論證不同，但結論卻一。

僧肇即用了此一客觀的論證方式，他一方面以「名」指物，但物不爲名。故「物不即名而就實」；憨山大師註爲龜毛兔角，說物不因有「名」而「實」在，故物已脫離名，不統攝在名言之中，人類自然不能由名中求物。

另一方面的證論是由名求物亦不得：「名不即物而履眞」。憨山大師註冰火不因呼之而寒燥，因爲物已脫離名的範疇。故物、名兩自獨立，其實並不相干，所以名實不當。既然如此，「名、實無當，萬物安在？」僧肇〈不眞空論〉云：

> 夫以名求物，物無當名之實，以物求名，名無得物之功，物無當名之實，非物也；名無得物之功，非名也。是以名不當實，實不當名，名實無當，萬物安在？

此言「虛名」無相應之「實物」，則「名」所指謂之「物」根本不存在；反之，由「虛名」不能以「知實」，那此「名」根本沒有存在的必要。僧肇即強調「名實相合」之名實之名實觀。正視名實相合之困境，因人人有其名、實之認知，則藉「名實」以相互了解遂不可能。是知「名」之存在地位，只是一「假名」，從而呈顯出「名號不眞」之義，既以「萬物」非眞有以「破實」；又以「名言」爲「假號」以破名，則雙破名實矣！

僧肇還指出「名」是任意設定的，故有「不確定」性，依此不確定性也推求出「名」是「假」而不眞的。〔註4〕〈不眞空論〉又云：

> 而人以此爲此，以彼爲彼，彼亦以彼爲此，以此爲彼。此彼莫定乎一名，而惑者懷必然之志，然則彼此初非有，惑者初非無，既悟彼此之非有，有何物而可有哉？故知萬物非眞，假號久矣。

〔註4〕即色義中亦有此「名」不確定之意見。依安澄《中論疏》引述義：「又望墨色而是白色……若有色定相者，不待因緣，應有色法。」肇呵斥即色義亦言：「豈待色色而後爲色哉？」知即色宗早有名實兩異之看法。此知即色義破「名」「實」，「彼」「此」，應近僧肇。

其實說穿了，僧肇仍是在否定外界，只是採客觀手法去證論，把內在世界與外在世界切斷，而得一純粹的主觀世界。與前面所謂「性莫之易」而得「物虛」的手法是一致的。只是跨入到玄學所稱的「名言」論證範圍而已。

　　「名」與「實」是完全不同層次的事項，特徵不同自無法互通，而且有其獨立性。名無「實體」感性，名非物矣；物無名言的「抽象」感性，物自非名。名實無當實非「有」、「無」之爭，而僧肇援借以表名（有內在訊息之意）、實（指外界客體）無當，而否定物之存在；仍然未以客觀物象之不存在加以證論，殆以主觀唯心思索，因內在訊息之不確定性而否認外在，實際上是有缺陷的，這個缺陷直到圓教、法華經、天臺等中國化佛經歷程才得到補償，才脫離印度佛學的「絕對」性而達中國式圓融的境界。〔註5〕故僧肇思想亦可稱一絕對化的佛學概念，移植自外多，自生於內則鮮，在思想創述上成就較小，但其歷史地位價值則不可抹殺。

第六節　認識論──聖智無知

　　僧肇在〈般若無知論〉中，論證最高智慧爲「無所知」、「無所見」。他認爲一般對萬事萬物之認識是「惑智」，是「虛幻不眞」的認識，而聖人對眞諦、本質的認識才是般若、聖智，這才是最眞實的認識，以其能全面的觀照一切。因爲般若幽微深隱，無相無名，非言象所能說明，卻能體現一切知，〈般若無知論〉云：

　　　　其爲物也，實而不有，虛而不無，存而不可論。

他以「聖心無所知，無所不知」、以「不知之知，乃曰一切知」，此取相反（相生）的論理模式，一般有相可取之認識爲「知」，而般若不取相，故曰「無知」，〈般若無知論〉云：

　　　　夫智以知所知，取相故名知，眞諦自無相，眞智何由知？

又云：

　　　　眞智觀眞諦，未嘗取所知，智不取所知，此智何由知。

以眞諦無相，故般若「無知」，以眞智洞照「本無」之本性，以無取相故「無知」。聖人以「無知」之般若，「照彼無相之眞諦」，而無有不鑒，是以能「寂

〔註5〕見霍韜晦著《絕對與圓融：佛教思想論集》，稱中觀哲學追求「絕對」，而終至隋唐中國化佛教的追求「圓融」。（台北：三民，1986 年）

怕無知而無不知者」。〈般若無知論〉云：

> 聖人功高二儀而不仁，明逾日月而彌昏。……誠以異于人者神明，
> 故不可以事相求之耳。以般若「清淨如虛空，無知無見，無作無緣，
> 斯則知自無知矣，豈待返照然後無知哉？若有知性空而稱淨者，則
> 不辨于惑智……然經云：般若清淨者，將無以般若體性眞淨，本無
> 惑取之知」。

　　他又從「緣起」說論證「般若無知」，以物從因緣有，故不眞，凡人惑智
之「所知」，乃因緣而起，故不眞。唯般若照眞諦，眞諦無取相，故無惑取之
知，故般若無知。夫有取相則有所失，有知則有所不知，無知則無所失，故
能無所不知。其「無知」爲無惑取之知，「無所不知」是內外寂然而能成其照
功。因客觀萬物假相非眞，則對客觀萬物的認識自然也非眞，聖智則無惑取
之智，故所在皆眞，可稱無所不知。在這裡，僧肇分認識爲「聖智」與「惑
智」，而以惑智不眞，以其取萬物爲認識對象，而萬物因緣非眞。反之，「聖
智」本「眞諦」，「不從因緣有，故即眞」，那麼認識之結果也不同，而有不同
的層次。他以「聖智」與「惑智」中「無」的性質不同，而有「無知」與「知
無」之別。〈般若無知論〉云：

> 聖智之無者，無知，惑智之無者，知無……聖心虛靜，無知可無，
> 可曰無知，非謂知無；惑智有知，故有知可無，可謂知無，非曰無
> 知也。

蓋有知即有所不知，唯無知則無所遺，故無所不知。他的論證是「智以知所
知，取相故名知，智不取所知，此智何由知」，則有形有相謂之有，有則不是
無，微妙無相不可謂有，「言其非有者，言其非是有，非謂是非有，言其非無
者，言其非是無，非謂是非無，非有非非有，非無非非無」（〈答劉遺民書〉），
此言「非有不是有，非無不是無」，卻以非有不是非有，非無也不是非無，非
有是無，非無也是無，從而有無統一於『無』（至無）。由有無的對立、統一
關係，來說明「知即無知」、「無知即知」，以有知即有所不知，則有無知之可
能，他說聖心「微妙無相，不可爲有，用之彌勤，不可爲無」、「非有，故知
而無知，非無，故無知而知，是以知即無知，無知即知。」僧肇以「處中不
二」之中觀手法，統一知與無知，從而宣揚「無知乃一切知」，以「無知」爲
「聖智」，故聖智無所不知。

　　僧肇利用對立轉化的道理，推展「不落兩邊」、雙照雙遣之中觀義，而言：

「智彌昧，照愈明，神彌靜，應愈動。」以般若無知之知才是唯一知一切的最高智慧。此誇大了聖智之絕對性，且賦予「無知」以神祕之內涵。

〈般若無知論〉又云：

> 是以聖人虛其心而實其照，終日知而未嘗知也。故能默耀韜光，虛
> 心玄鑑，閉智塞聰，而獨覺冥冥者矣。然則智有窮幽之鑒，而無知
> 焉；神有應會之用，而無慮焉。神無慮，故能獨王於世表，智無知，
> 故能玄照於事外。……是以聖人以無知之般若，照彼無相之眞
> 諦。……般若無不窮之鑒，所以會而不差，當而無是，寂泊無知而
> 無不知者矣。

聖人以虛靜心智照諸法實相，此如《莊子》言：「有眞人而有眞知」，眞人無知於世俗之知而妙會於大道。又《莊子・應帝王》云：「至人之用心若鏡，不將不迎，應而不藏，故能勝物而不傷」者，聖人之心虛靜（體無），不雜妄識，故能照用即眞，以不廢「玄鑒」、「智照」、「神會」、「神覺」之靈應，故無幽不燭，且能與諸法實性冥合，即事顯眞。

僧肇應用「處中不二」的中觀手法，統一「知」與「無知」，宣揚寂照不二，以鎔成無上聖智，又以般若作爲能照的主體，眞諦作爲被照的客體，二者「相與爲有，相與爲無」，能知與所知相互爲因緣，此對認識和認識對象間相互依存之關係的闡述，具有辨證之價值，而觀法上「體法入空」之義蘊，乃在「般若無知論」中，透過九難九答以論證之，難怪此文一出，深得鳩摩羅什、劉遺民、慧遠所歡賞，稱其「未嘗有也！」其在知識界之影響可知。

小　結

僧肇思想成就除前已提及開創三論宗思想先河之外，大致可依其時代意義分爲兩點：

1、僧肇堪稱當時「佛學正朔」：

僧肇依鳩摩羅什而深得佛理，在魏晉佛學嚴重玄化時，乍時破邪顯正，宏揚中道思想，殆稱第一人。其堪稱彼時對佛學有最正統認識的人，在魏晉思想歷程中，自是佛理正朔。再則《肇論》亦是佛理傳入中國，在鳩摩羅什譯經後第一個開花結正果的作品。其批判三宗，於思想史上的價值更勝於哲學價值。代表玄學時代的結束，佛學時代的開始。

2、魏晉玄學的總結：

由於「心無宗」倡有爲實有，色爲眞色，乃落入「崇有」論的範圍，而逕強調「心無」，其實乃郭象「無心以順有」的改裝。心無宗實乃結合崇有、獨化論，而以佛學面貌，玄學骨肉出現。故湯用彤先生將其與崇有論同列，並非無由。

而「即色宗」的「色不自有，雖色而空」與向郭「物物者，竟無物也」雖辭異但意同；其言「二跡無寄，無有冥盡」實源於郭象之「既忘其跡，又忘其所以跡」，即色宗與獨化論的淵源亦深。

三則「本無宗」意契「貴無論」者，而落入斷滅虛空。本無宗「情尚於無，多觸言以賓無」，其實是「天下之物，皆以有爲生，有之所始，以無爲本」（《老子·四十章》注），「雷動風行，運化萬變，寂然至無，是其本矣。」（王弼《周易·復·象》注）的「貴無」說，故本無、貴無實同一義，無分軒輊。

所以僧肇批判三宗實已批判自魏以來的三大學說：貴無、崇有、獨化論。且指出三宗格義之不契佛理，而總結魏晉玄學、玄學化的佛學、格義。終而締造純正的佛學，於功不可沒矣。

玄理篇結論

　　綜上所述，可知魏晉玄理的發展是循著正、反、合的辯證發展，由何、王開端到僧肇總結玄學與般若學止。從此佛學由批判、自覺而蔚爲大宗。茲從本體、方法、知解、動靜、政治人生論各端，綜論諸家學說之分野：

一、本體論

　　「有」、「無」之辯，是魏晉玄學的核心，由於各家賦予「有」、「無」兩概念及二者之關係以不同的內容，故對諍不決。「貴無」論者以「無」爲「有」（現象世界）之本體，萬有乃「無」之顯呈。「無」本「有」末，將欲全有，必反于無，從而提出「崇本舉末」之說。

　　「崇有」論者則認爲「無」只不過是「有」的消失、虧損，也就是「沒有」，惟有「有」才能做爲存在的根本。萬有自生，自生必體「有」，有乃能濟有。可見裴頠是破「無」而立「有」。他以「實有」之「理」做爲萬物形上根據，此「實有」之「理」內在於具體之形器間，形成個個有生之體，由「有生之體」可識其「理」，「理」之可識，由於其「有」，捨「有」無以識「理」，王淮先生云：

> 裴頠崇有之論，除了在形上學方面肯定「實有」之「理」；在經驗則
> 重視「存有」之「有」。（《儒道釋之詧應》）〔註1〕

重「存有」，故尚「寶生存宜」。

　　郭象於有、無的關係上，他先否定「有生於無」的說法，他認爲「無既

〔註 1〕見氏著《魏晉南北朝時代儒道釋三教在思想上之相與詧應》中〈儒道之相與詧應〉，頁 43～45。（未出版）

無矣，則不能生有」。而「有」是「自生」而常存者。他既否定「眞宰」之存在，也否定「有」能生有，他以萬物塊然自生，萬物各足其性，「獨生而無所資借」，又言「獨化於玄冥之境」，以萬物自生獨化，突然而生，不知所以生而自生，不必去追問其何以生，這就是「玄冥」。一切付之自然，那麼，此不可知之「玄冥」，實即是「無」，郭象解釋說：「玄冥者，所以名無而非無也」，「玄冥」無形中成了「無」的同位詞。

緣於萬物自生獨化，此物之所以爲此物者，皆各有其自性，此「自性」即規定此物之爲此物者，他說：「天性所受，各有本分，不可逃，亦不可加」（〈養生主〉注），性各有分，分各有極，不可逾越，若不安於本分，則將喪失「眞性」。故性分之所具，即是「命」，性命自得爲無可奈何者，他說：「命之所有者，非爲也，皆自然耳」，「知不可奈何者命也」，「命非己制，故無所用其心也」。性命就是「理」，則此「性命」、「理」，又成爲支配生化的主宰，成爲存在之根據，此已近於王弼。

按何晏、王弼「貴無」之「無」是形上學方面做爲宇宙萬物本體者，是「道」的別名，其內在於事物中即爲「理」；今裴頠「崇有」論對貴「無」的理解，並未精準，他說此「無」是「有」的消失與虧損，「無」是一無所成就，不能發揮妙用的，此實未會老莊之「道」，亦未會何、王之「無」，其實「虛無」之道與「實有」之理，本是一而二，二而一者，故裴頠駁斥貴「無」，卻未切中，而貽「無的放矢」之譏！

且其言萬物自生，自生必體「有」，此「有」似已絕對化爲萬物之本體，那麼此「有」之地位與性質，已與「無」無以異矣，因爲貴「無」之「無」，其實是「大有」，祇是因爲有實、有名、有形則有限，故取「無」以擬之，則「崇有」與「貴無」之對諍，終「辯不入道」。

〈崇有論〉將萬物之本體收歸萬物之自身，而提出「自生」說，但萬物何以自生，則未有交代，此乃由郭象加以解決。郭象提出「獨化」論，三番兩次的強調生化的過程是自然，不知所以然而然，此種神祕的內因說，一方面避過了裴頠等崇有派的攻擊，一方面又偷天換日的別造一滿足士流玄虛需要的理論。

玄學自郭象提出「獨化論」之後，已臻圓熟，無法再往前發展，而般若佛學則在此時紛紛提出適應中國思想形態的不同學說，如六家七宗即是，其中最基本的是心無、即色與本無三家，而如何統一紛雜的眾論，乃當時重要

課題，此責任就由僧肇擔當起來，他以大乘「中觀」思想，批判未能完滿把握「性空實相」的三宗，而開創富中國特色之佛教哲學。

般若「本無」宗偏於「空無」，漠視假有之存在，不了解即物之自虛；「即色」明物質現象非自己形成，不明萬物之自虛；心無空「心」不空「物」，此在不受外物干擾上爲得，而不能正視萬有本身之虛假不實爲失，主觀上「心如太虛，不滯於物」，於外物則可承認未嘗無，此派但「內止其心，不空外色」，有悖於般若「諸法性空」的主旨。上列三家，皆先將有、無對立起來，以「無」解「空」，非以「空」解「空」，所以僧肇還原般若「空」爲「眞假」問題，而非「有無」問題，以「不眞，故空」，故正確的空觀是「非有，非眞有；非無，非眞無」，也就是契神於有無之間。

他本「中道觀」之以二諦解釋實相，認爲從眞諦來看是空，從俗諦來看還是「有」，既看到「空」，也看到「非空」，同時又不著兩邊，成爲非有（空）、非非有（不空），此乃對空的全面理解。僧肇本此批判三宗，統一了「空」與「有」。

僧肇以「不眞即空」說中道，其說乃自「離有離無」、「有無雙遮」。先破「執有」，又破「執無」，蓋執有、執無則非中道實相，中道乃離偏空、偏有二邊。僧肇就「緣起法」本身之爲有、爲無二相以說二諦，故「無」爲諸法性空，無一相可得之「無」，此爲「眞諦」；從緣起之爲有說，是爲「俗諦」，可見眞、俗二諦乃不相礙。那麼，執「實有」與「虛無」，僧肇皆斥破之。其說由離有無二邊以顯中道甚明，他的一切名論，皆以「中觀」爲基礎。

然若追溯僧肇學說之根源，一是由其師鳩摩羅什所介紹的大乘空宗中觀思想，一則是郭象莊子注之「自生獨化」論思想，他將二者結合而以佛解玄，將玄學發展至最頂點。

二、方法論

在方法論方面，也就是言意問題上，亦以思想體系不同而互異。

在《老子指略》中，王弼對「言不盡意」之說進行理論分析，其言曰：

> 名之不能當，稱之不能既。名必有所分，稱必有所由。有分則有不兼，有由則有不盡。不兼則大殊其眞，不盡則不可名。……然則言之者失其常，名之者離其眞。……是以聖人不以言爲主，則不違其常，不以名爲常，則不離其眞。

王弼認爲執著于語言概念，就會失去對事物眞實的認識。以名言概念是不全

不盡的，本身是有缺陷的。它並不能反映全體。天地萬物變化萬端，極具複雜性與多樣性，言象只是達意的工具，非意之本身，須隨時發展，故不能執著，滯於言象，反失本意。

按照裴頠〈崇有論〉自生體「有」及強調有爲之體系，在認識論上，必然是建立在言能盡意上，雖然「崇有論」中，少涉及言意問題，但仍可釐出一二，〈崇有論〉云：

> 君子宅情，無求於顯，及其立言，在乎達旨而已。……可以崇濟先
> 典，扶明大業，有益於時，則惟患言之不能，焉得靜默？

裴頠以「立言在乎達旨」，言有贊道益時之功能，故默不如言，此皆肯定語言之功能。又云：

> 心非事也，而制事必由於心，然不可以制事以非事，謂心爲無也。
> 匠非器也，而制器必須於匠，然不可以制器以非器，謂匠非有也。

此爲名實相符之論，正是言能盡意的佐證。

而郭象宣揚「寄言出意」，以溝通名教與自然，媒合孔老。在裁奪莊子本旨，以爲自己作註時，每用「寄言出意」的方法，以求隱意於言意之表。其意認爲意「寄」於言，既爲聊寄，則何可拘執，故欲窺莊旨，宜「要其會歸，而遺其所寄」、「忘其所寄，以尙述作之意」、要「忘言尋其所況」，這樣自可別出「新義」。

同時，因爲郭象本體思想主張自生獨化，獨化於玄冥之境，「玄冥」爲「名無而非無」，爲神祕不可知。〈秋水〉注云：

> 夫言意者，有也。而所言所意者，無也。故求之於言意之表而入乎
> 無言無意之域，而後至焉。

玄冥、所以跡、眞性皆非言象之對象，可知其爲不可知論、言不盡意論者。

至於僧肇其《肇論》中論及言意關係者，有：

（一）〈不眞空論〉：「眞諦獨靜於名教之外，豈曰文言之能辯哉？然不能杜默，聊復厝言以擬之。」此以眞諦非名言所能辯也。

（二）〈般若無知論〉：「聖智幽微，深隱難測，無相無名，乃非言象之所得，爲試罔象其懷，寄之狂言耳，豈曰聖心而可辨哉！」是聖心至妙，非言象之所能傳。

（三）〈般若無知論〉：「無名之法，故非言所能言也。言雖不能言，然非言無以傳，是以聖人終日言而未嘗言也。」蓋道本無言，而言說如化，文字

乃惑取，故智者不著。

（四）〈答劉遺民書〉：「至趣無言，言必乖趣，云云不已，竟何所辨。聊以狂言，示訓來旨耳」。蓋聖心冥極，理寂同無，是超越言象之外者。

僧肇以至理精微，超越言象，始得環中。他在〈答劉遺民書〉中云：「夫言跡之興，異途之所由生也。而言有所不言，跡有所不跡，是以善言言者，求言所不能言，善跡跡者，尋跡所不能跡。至理虛玄，擬心已差，況乃有言？恐所示轉遠，庶通心君子，有以相期於文外耳。」此亦以至理非言象所及。蓋言象乃「跡」，至理為「所以跡」，逐跡則迷理，執言象則乖玄旨，故須會乎言外乃可。

他又以涅槃之道，乃「出有無之域，絕言象之徑」，「寂寥虛曠，不可以形名得，微妙無相，不可以有心知。……言之者失其真，知之者返其愚」（〈涅槃無名論〉）皆是強調其超越言辨，離於相數者。此皆以至高之真理、境界，非言象所能為力也。同時，我們也可以從名實觀上，印證僧肇屬「言不盡意」一派。在他的〈不真空論〉裡說到：「物不即名而就實，名不即物而履真」，以萬物非真，故一切名言皆屬假號。所以他以「真諦獨靜於名教之外」，非文言所能辨。但若以一切名言皆屬「假號」，則其玄言亦假，為解除此困境，他以「真名」——「雖真而非有」為真諦，「假名」——「雖偽而非無」為俗諦，真俗并存不悖，則名言仍不可失。僧肇本「非有非無，非實非虛」之旨，故聊寄「狂言」，以「遮詮」解空。

三、政治人生論

在政治人事上，何晏王弼因以「自然」釋「道」，《老子·二十五章》注云：「自然者，無稱之言，窮理之辭。」以自然為本體，此開魏晉時代之宗風，而掃空兩漢天人感應之說。王弼云：「道不違自然，乃得其性」（〈二十五章〉注），又云：「神不害自然也。物守自然，則神無所加，神無所加，則不知神之為神也。」（《老子·六十章》注）則自然又是「無為」之意，王弼《老子·五章》注云：「天地任自然，無為無造，萬物自相治理」，天地萬物皆自然無為，為政當順任自然，合乎本性，不造不施，此發揮了老子去甚去泰，見素抱樸，少私寡欲之清靜無為說。

裴頠則強調「有為」，他認為無為不足以成事，欲成就一件事，無論是養生，或心識活動，皆是有為，他說：「用天之道，分地之利，躬其力任，勞而

後饗。居以仁順，守以恭儉，率以忠信，行以敬讓，志無盈求，事無過用，乃可濟乎！」又言：「欲收重泉之鱗，非偃息之所能獲也；隕高墉之禽，非靜拱之所能捷也」（〈崇有論〉）；他徹底的反對當時靜拱偃息，以「無為」為高，竟日遊蕩無度，過寄生似生活的虛浮士流。

而郭象則提出「為無為」之說，所謂「為無為」即「無心順有」也，其注〈在宥〉「故君子不得已而蒞天下，莫若無為」一語時云：「無為者，非拱默之謂也。直各任其自為，則性命安矣。」衹要順性而為，稱能而動，動不過分，也就是「依性分而為」，即是「無為」，此亦是自然。

僧肇〈不真空論〉中云：「即萬物之自虛」此是「無心」無為，而「即物順通」，則是「順有」。〈不真空論〉云：

> 是以聖人乘真心而理順，則無滯而不通，審一氣以觀化，故能所遇而順適。

此「無為」而「無不為」之道也。又〈涅槃無名論〉云：

> 無為，故雖動而常寂，無所不為，故雖寂而常動，雖寂而常動，故物莫能一；雖動而常寂，故物莫能二。物莫能二，故愈動愈寂，物莫能一，故愈寂愈動。

此取乎虛無寂寞，而「妙絕於有為」。

由上可知貴無派尚「無為」，崇有派尚「有為」，而郭象「為無為」、僧肇「即物順通」之說，則見其綜合統一的特色，為適應時代，滿足士流之論。從當時「儒道同」、「自然與名教相即」之趨勢，及朝隱風氣之盛行，可窺端倪。

四、「知解」觀

魏晉新學之特色，乃在於其時有「出位之思」，而「出位之思」乃萌發於思維不拘限於傳統舊說，貴能自立己說，在騖「奇」尚「異」的時風下，其對知識有特殊的知解方法，為求「獨應會心」，而講「隨感而應，應隨其時」，以自己的學養、思想造詣，對文化符碼作恰切的掌握，賦舊文獻以新義，跨越前說，掃空依傍，自出機杼，以獲得殊趣巧義。

如阮籍有〈通易論〉、〈通老論〉、〈達莊論〉，其對《老》、《易》之「通」，乃重其會通；而對《莊》學之「達」，乃自由選擇其要點加以點染，非字字句句之疏證詮解，而是自由發揮其大意，抉發其神髓，呈顯其亮點。「通」、「達」之推擴，則為行為之通「道」達「德」，不拘禮教束縛，追求解放，甚且裸裎矣。

　　而王弼在注解《老子》後作《老子指略》，注《易》後作《周易略例》，此可謂「略解」，於其中標出一言以蔽之的核心概念，可以說是其注《老》、《易》的統宗會元之論，其「略解」正是其「精解」。其如荀勗解音，時論為「闇解」，阮咸妙賞，時謂「神解」，闇解是熟練樂音，故足以審音度律，自然合度。而「神解」則是絕對音感，乃能識曲「聽眞」，爲「冥冥中獨見曉，無聲中獨聞和」，達至「以天合天」之境。另「神解」用以指交友，則爲神交意契，雖不拘禮數，卻自由自在，默會心通。

　　又郭象「隱解」《莊子》，大暢玄風，「隱解」乃以「寄言出意」法，勾勒《莊子》之隱曲，闡揚文本背後可能蘊有的逸趣，故能發明玄旨，而達到廣《莊》、翼《莊》的效果。

　　其如佛教初傳入中國，以「經中事數擬配外書」，故能交通中、印之不同文化語境，此爲「生解」，雖多牽強附會，卻爲佛教中國化做出具體貢獻。

　　而如陶淵明好讀書，不求甚解，每有會意，欣然忘食，此不求精熟，而觀其大略，識其要，暢其志耳，這與當時美學之「瞻形得神」有相契處，皆忘言象而取其大意。他如於方伎、藝術類之有「術解」、「開解」，乃精通術數，解人疑惑，其技精處有超乎感官所能了解者。可見當時「知解」之意涵十分豐富，而終歸爲「玄解」，即體道心，淡於生死、榮利，去煩惱，得大慧識，如佛之明心見性，道之參透玄觀也。

五、動靜觀

　　在靜動方面，王弼以靜爲本，動爲末，故「雷動風行，運化萬變」，終歸虛靜，他並未否定萬物之運動變化。祇是說動以靜爲本。《老子・十六章》注云：「凡有起於虛，動起于靜，故萬物雖并動作，卒復歸于虛靜，是物之極篤也。」靜才是絕對的。而僧肇則「即動以求靜」，他認爲物質世界本不眞實，其運動亦不眞實，則雖動而靜，此由變動中論證變即不變。僧肇無視於時間乃間斷與連續性的統一，而只抓住其間斷性，並加以誇大，否認其連續性，聲言「事各性住於一世」，故言：「求向物于向，于向未嘗無，責向物于今，于今未嘗有……是謂昔物自在昔，不從今以至昔；今物自在今，不從昔以至今。」（〈物不遷論〉）古今不通，各自獨立。因果亦然，因自因，果自果，「果不俱因，因因而果，因因而果，因不昔滅，果不俱因，因不來今，不滅不來，則不遷之致明矣」（〈物不遷論〉）。一切的變化皆是靜止，所以他說：「旋嵐偃

嶽而常靜，江河競注而不流，野馬飄鼓而不動，日月歷天而不周。」然而，僧肇「物不遷」的思想，早已在郭象《莊子注》中闡發。〈養生主〉注云：

> 夫時不再來，今不一停，故人之生也，一息一得耳。向息非今息，故納養而命續，前火非後火，故為薪而火傳。火傳而命續，由夫養得其極也，世豈知其盡而更生哉！

事物隨生隨滅，運動不過是一系列靜的總和。事物各住於剎那生滅的一點上，並不延續。〈天道〉注：

> 當古之事，已滅於古矣，雖或傳之，豈能使古在今哉？古不在今，今事已變，故絕學任性。

「古」為「古」，「今」為「今」，「後」為「後」，根本否定由「古」到「今」，由「今」到「後」的運動過程。過去之事物只存於過去，并不延續到現在，現在的事物也將轉瞬消逝，而不延續到將來。這樣經絕對化間斷性後，否定事物之連續性，他們各自存於不同的時間裡，彼此獨立，不相關聯。這樣，一般認為的變化，其實是不變，人若能與化為體，在萬變中把握不變之本質，「玄同內外，彌貫古今，與化日新……安于推移而與化俱去，故乃入于寂寥而與天為一也。」（〈大宗師〉注），則可達到主客同一之最高精神境界。〈大宗師〉注又云：「向者之我，非復今我也。我與今俱往矣，豈常守故哉！而世莫之覺，橫謂今之所遇可係而在，豈不昧哉！」此即僧肇〈物不遷論〉所本，但僧肇又向前跨出一步，以中觀的思辯方法，而得出非動非靜，亦動亦靜，動靜不二的運動觀。

魏晉玄學的序幕是由有無、本末之辯拉開，到了辯無可辯時，又換了一個名詞，就是「真、俗」二諦；而有、無關係自王弼即以本末、體用來論證，所以後來般若學以心、物孰本孰末之不同，而有心無、即色、本無之立宗；同時體用關係幾乎推展到各種哲學的範疇中，當時的哲學家多少皆有涉及，尤其佛學體系中，體、用關係乃是最重要的主題。

玄學到了東晉，幾乎已被佛學取代，當時般若學人才濟濟，若康僧淵、支愍度、竺道潛、竺法蘊、于法開、支遁、竺法汰、道安、竺僧敷、道立、慧遠、僧朗等，每個人皆有孤詣，故百家爭鳴，學派林立，玄釋由交融中，見出分際，到底佛玄的性質、內涵與思考方法是涇渭分明的。從上列本體論、方法論、運動觀、認識論、政治人生論等的分析比較，再上溯玄理篇各章的討論，實可清楚的看出魏晉學術思想的發展與精蘊。